HISTOIRE DE L'INDUSTRIE SUCRIÈRE EN GUADELOUPE AUX XIXe ET XXe SIÈCLES

5-7, rue de l'École-Polytechnique ; 75005 Paris

www.harmattan.fr
diffusion.harmattan@wanadoo.fr
harmattan1@wanadoo.fr

ISBN : 978-2-343-07574-7
EAN : 9782343075747

Christian SCHNAKENBOURG

Histoire de l'industrie sucrière en Guadeloupe aux XIXe et XXe siècles

Les « Vingt glorieuses » de la sucrerie guadeloupéenne (1946-1965)

L'HARMATTAN

DU MEME AUTEUR

Aux Editions L'Harmattan :
Histoire de l'industrie sucrière en Guadeloupe aux XIXe et XXe siècles, tome I, *La crise du système esclavagiste (1835-1847)*, 1980 ; tome II, *La transition post-esclavagiste (1848-1883)*, 2007 ; tome III, *Fluctuations et dépendance (1884-1946)*, 2008.
En préparation : tome V, *Crise et fin de l'économie de plantation (1966-2000).*

La Compagnie Sucrière de la Pointe-à-Pitre (E. Souques & Cie). Histoire de l'usine Darboussier de 1867 à 1907, 1997.

Aux Editions Jasor (Pointe-à-Pitre) :
Beauport (1732-1990). Une grande aventure industrielle en Guadeloupe, 2013.

INTRODUCTION

Le titre de ce volume s'inspire évidemment de la célèbre expression forgée par le sociologue Jean Fourastié, les "Trente Glorieuses", pour caractériser la prodigieuse croissance des économies occidentales au cours des trois décennies qui suivent la Seconde Guerre mondiale

En Guadeloupe aussi, la croissance que connaît alors l'économie locale en général, et son industrie sucrière plus particulièrement, n'est pas moins "glorieuse", même s'il est vrai qu'elle dure une dizaine d'années de moins. De 1946 à 1965, le volume de cannes manipulées par les usines est multiplié par 3,5 et la production de sucre par 4. C'est la plus forte croissance de la sucrerie française au cours de cette période ; la production de sucre de betterave en métropole n'est multipliée "que" par 3,2, celle de la Réunion par 3,6, et celle de la Martinique par 3 seulement. Le maximum historique est atteint en 1965 avec 185.000 tonnes ; avec 8 % de la production nationale, betterave + canne, la Guadeloupe est alors le huitième département sucrier de France[1].

Rétrospectivement, cette période baigne souvent, chez ceux qui l'ont vécue, dans la douce nostalgie du temps "d'avant" (où tout allait forcément mieux) et de la société "traditionnelle". C'est la Guadeloupe "de Lasserre", du nom de cet immense savant qui nous laissa une description monumentale d'un monde demeuré fondamentalement colonial dans ses structures et son fonctionnement[2], mais à la veille de disparaître, englouti par une modernité qui va l'écraser. C'est ce monde en croissance mais menacé dont ce volume voudrait présenter l'évolution. Il se divise en deux parties, consacrées successivement à l'Usine et aux hommes.

---

1. Après, dans l'ordre d'importance de la production, Somme, Réunion, Aisne, Pas-de-Calais, Oise, Nord et Marne. *Source* : SNFS.

2. G. Lasserre, *La Guadeloupe. Etude géographique,* Bordeaux, Union française d'impression, 1961, 1.135 p. en 2 vol.

Dans la première (*L'élan de la croissance*), nous retracerons l'expansion de l'économie guadeloupéenne sous ses différentes composantes, principalement la sucrière mais sans pour autant négliger les autres, et nous en rechercherons les causes, tant endogènes (les investissements des sociétés sucrières) qu'exogènes (la démographie, le marché, l'Etat), qui créent un environnement favorable sans lequel l'industrie sucrière n'eût pu faire les progrès qu'elle fit, ni connaître la prospérité qu'elle connut. Cette première partie accordera une attention toute particulière aux usines, qui constituent la base technique et financière de la croissance, et aux problèmes de leur gestion.

Notre seconde partie sera consacrée, sous le titre *Les Gens du sucre*, aux hommes qui, dans les champs et les usines, à la culture de la canne comme à la fabrication du sucre, constituent le socle humain de la croissance et de la prospérité qui en est résultée, qu'ils ont produites par leur travail mais dont ils n'ont par contre que bien peu bénéficié. Pour ce prolétariat sucrier, ouvriers industriels, planteurs, colons, salariés des habitations, ces temps sont ceux d'une extrême dureté, faite de tâches exténuantes et très insuffisamment rémunérées, et de conditions de vie insupportables, que la départementalisation parvient à peine à faire passer de la misère à la pauvreté, et tout cela dans une grande violence sociale, dont l'épisode le plus dramatique est le massacre du 14 février 1952 à Moule, quand les CRS ouvrent le feu sur la population. "Glorieuses", les vingt années étudiées ici ne le sont pas pour tout le monde en Guadeloupe.

PREMIERE PARTIE

LA CROISSANCE ET SES CAUSES

CHAPITRE I

L'ELAN DE LA CROISSANCE

La croissance de l'industrie sucrière guadeloupéenne au cours de ces "Vingt glorieuses" se déroule encore, pour l'essentiel, dans la continuité du système mis en place dans les années 1860, celui d'une économie de plantation articulée autour des usines.

1. UNE ECONOMIE DE PLANTATION DOMINEE PAR L'USINE

• La Guadeloupe, île à sucre

La transformation des "vieilles colonies" en départements, par la loi du 19 mars 1946, n'a évidemment aucun effet structurel immédiat sur l'économie de la Guadeloupe. Jusqu'au milieu des années 1960, elle demeure une économie de plantation "classique", spécialisée dans un petit nombre de productions d'exportation et dominée par le sucre.

L'économie guadeloupéenne dans les deux décennies étudiées ici repose encore essentiellement sur l'agriculture. Bien qu'en baisse relative, en raison du développement du secteur tertiaire (commerce, services) lié à la départementalisation, les productions agricoles et agro-alimentaires représentent la moitié environ de la production intérieure brute du département en 1949, 43,2 % en 1958, 32,7 % en 1961 et 24,6 % en 1965[1]. Evidemment, la canne et le sucre constituent de très loin la principale activité. Celle-là occupe l'essentiel de l'espace cultivable, celui-ci fournit l'essentiel des exportations ; en gros, la filière pèse pour les deux tiers environ dans l'agriculture guadeloupéenne au début des années 1960 (*tableau n° 1*). Sa part dans l'emploi est plus difficile à con-

1. D'après les comptes économiques des DOM publiés par la SEDES puis l'INSEE.

Tableau n° 1

SPECIALISATION DE L'ECONOMIE GUADELOUPEENNE DANS LES ANNEES 1950 ET 1960

	1951	1960	1965
Répartition des exportations en valeurs			
Sucre (1)	50,9	56,4	59,1
Rhum	14,0	5,4	6,4
Banane	29,8	35,2	29,8
Autres	5,3	3,0	4,7
Part dans la superficie totale cultivée	Moyenne 1950-53 (2)		1966 (3)
Canne	63,4	59,1	59,8
Banane	17,5	17,3	15,0

En %

Source : INSEE

(1) Y compris mélasse ; mais celle-ci ne représente que 0,8 à 1,5 % des exportations totales selon les années.

(2) Estimation.

(3) 1965 n. d.

naître, en raison de l'incertitude qui pèse sur la définition des différentes catégories professionnelles ; G. Lasserre l'estime à la moitié environ de la main-d'oeuvre agricole en 1960 et au quart de la population active totale[2]. Mais dans le Nord et l'Est de la Grande-Terre ainsi qu'à Marie-Galante, elle est pratiquement exclusive de toute autre activité productive et fait littéralement vivre, très mal nous le verrons, la presque totalité de la population. A côté, seule la banane contribue significativement à la production et à l'emploi ; régionalement, elle joue un rôle considérable dans l'économie de la Basse-Terre. Enfin, la part du rhum est en diminution, et les anciennes cultures "secondaires" (café, cacao) sont devenues marginales. Plus que jamais, la Guadeloupe mérite bien son qualificatif d' "île à sucre".

Cette agriculture guadeloupéenne de plantation est presque entièrement orientée vers l'extérieur. Le marché local n'absorbe jamais plus de

2. G. Lasserre, *La Guadeloupe*, t. II, p. 1006-1010.

5 % de la production de sucre, et celle des plantations commerciales de banane est destinée en totalité à l'exportation ; seul le rhum fait exception, en raison du niveau désastreux de la consommation locale, qui représente entre 15 et 20 % de l'ensemble des utilisations (bouche + industrie) au début des années 1960. C'est évidemment la France métropolitaine qui constitue le principal débouché de ces productions. On voit sur le tableau n° 2 à quel point elles sont dépendantes de ce marché, surtout si l'on inclut les autres territoires de la zone-franc, qui ne sont, en fait, que des prolongements obligés de la métropole. Cette dépendance est même d'autant plus forte que les DOM bénéficient ici de marchés réglementés, organisés administrativement et protégés, en dehors desquels ils ne seraient normalement pas compétitifs (*infra*).

Tableau n° 2

REPARTITION GEOGRAPHIQUE
DU COMMERCE EXTERIEUR DE 1951 A 1965

	1951	1959	1965
Exportations totales en valeurs			
- France métropolitaine	64,7	84,0	79,3
- Autres pays de la zone-franc	28,9	14,4	2,3
- Etranger hors-ZF	6,4	1,6	18,4
Exportations en volumes			
Sucre			
- France métropolitaine	78,7	72,3	64,1
- Autres pays de la zone-franc	21,3	27,7	0,8
- Etranger hors-ZF	0	0	35,1
Banane, rhum			
- France métropolitaine	98 à 100	98 à 100	96 à 100
Importations totales en valeurs			
- France métropolitaine	85,0	78,1	73,5
- Autres pays de la zone-franc	7,6	4,9	1,7
- Etranger hors-ZF	7,4	17,0	24,8

En %
Source : INSEE

• **Les usines : structures de la production et du contrôle**

Comme depuis le Second Empire, "*l'Usine*" en tant que personnage collectif doté d'une réalité sociale propre, et *les usines* comme unités de production industrielle, est/sont au cœur même de cette histoire. C'est vers elle(s) que se focalisent l'essentiel des flux économiques, les affrontements sociaux et les préoccupations de l'administration ; et même si son/leur influence auprès des pouvoirs publics est en recul, en raison des modifications institutionnelles introduites par la départementalisa-

Tableau n° 3

LES USINES DE LA GUADELOUPE DANS LA DECENNIE 1950

Propriétaires	Usines	Production 1952-59 moyenne annuelle (tonnes)	% Gpe
SIAPAP (1)	Darboussier	18.718	16,6
"	Blanchet	10.104	9,0
Sucreries coloniales (2)	Bonne-Mère	10.466	9,3
"	Marquisat	10.224	9,1
SAUB (3)	Beauport	17.030	15,1
Héritiers Armand Aubéry	Gardel	12.338	10,9
Charles Simonnet	Grosse-Montagne	10.339	9,2
André Bon	Courcelles	4.296	3,8
"	Grande-Anse MG	3.995	3,5
André Aubéry	Comté	6.072	5,4
A. Huyghes-Despointes	Sainte-Marthe	5.050	4,5
Trillard-de Reynal	Roujol	3.148	2,8
Dépt de la Guadeloupe	Le Robert	859	0,8

Sources : R. Noirtin ; *Annuaire stat. de la Gpe* ; divers.

1. Société industrielle et agricole de la Pointe-à-Pitre.
2. Devenues "d'Outre-mer" (SOM) en 1956. La société possède également trois usines à la Réunion ; sur l'ensemble de la décennie, elles fournissent approximativement les deux tiers de sa production totale et celles de la Guadeloupe un tiers.
3. Société anonyme des usines de Beauport.

Carte n° 1
LES USINES DE LA GUADELOUPE DANS LES ANNEES 1950

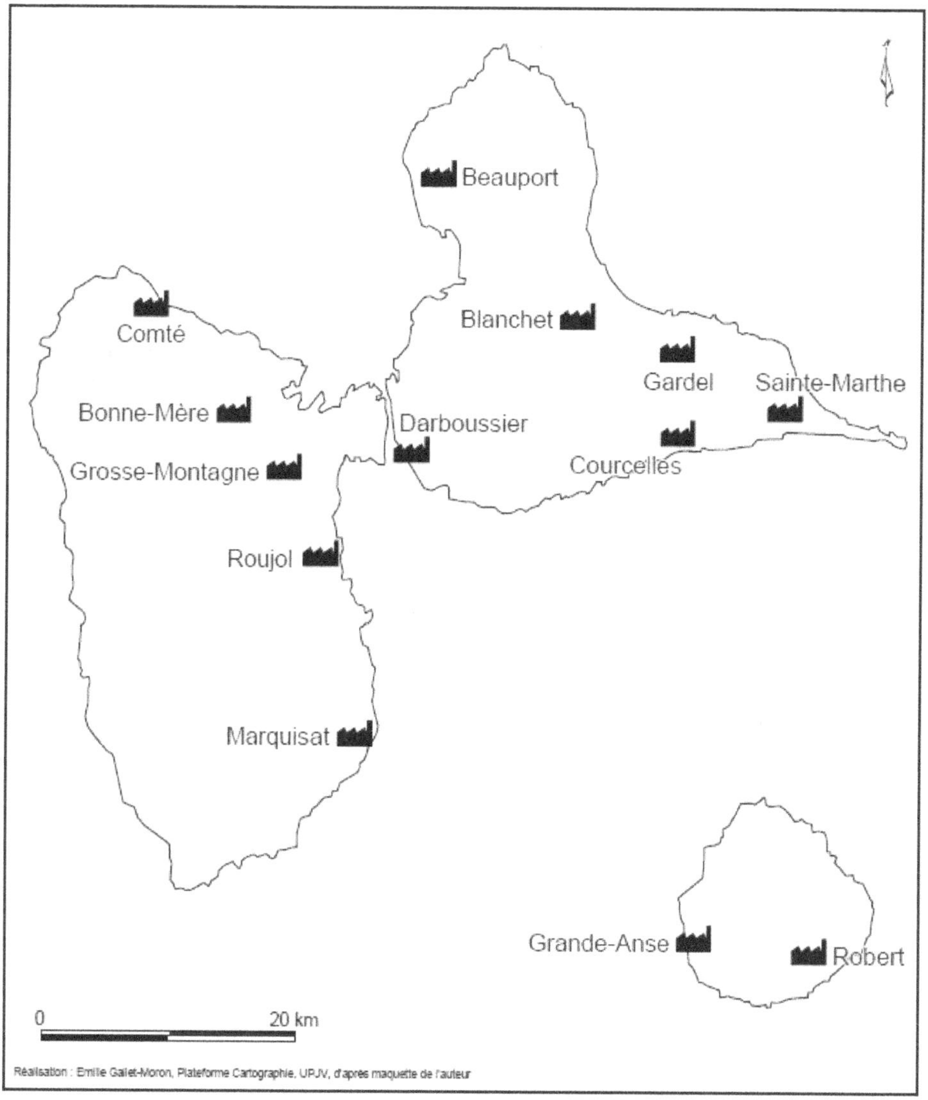

tion, elle(s) en conserve(nt) encore suffisamment pour se faire entendre que ce soit sur place[3] ou aux niveaux les plus élevés de l'Etat[4].

Le nombre d'usines en activité dans l'archipel guadeloupéen diminue lentement au cours des deux décennies étudiées ici ; les fermetures sont peu nombreuses et se justifient essentiellement par la petite taille des établissements concernés. Elles sont quinze à faire la campagne 1946 ; à la fin de celle-ci, Pirogue, à Marie-Galante, est fermée et ses cannes sont désormais portées à Grande-Anse[5]. La même année, la SIAPAP rachète le centre de la Retraite, entièrement enclavé dans son domaine et dont la production est trop faible pour pouvoir continuer bien longtemps ; l'usine est maintenue en activité pendant encore quatre ans, puis elle est fermée à la fin de la campagne 1950 et ses cannes sont envoyées à Darboussier[6]. Treize usines fonctionnent alors jusqu'en 1959, date à laquelle le Conseil général décide de mettre un terme à l'agonie de celle du Robert, sur les Hauts de Marie-Galante ; exploitée en régie départementale depuis 1945 et pratiquement en ruine faute d'y avoir mis les moyens nécessaires, elle n'était plus en état de fonctionner[7]. Trois ans plus tard, les SOM rachètent Roujol, à Petit-Bourg, trop petite et non rentable, afin de pouvoir récupérer ses cannes pour accroître la production de Marquisat[8]. Enfin, en 1965, après le retrait d'André Bon, Courcelles est reprise et fermée par Gardel et Sainte-Marthe, qui se partagent le domaine[9].

---

3. En 1950 ou 1951, lorsque Pierre d'Aubert, alors PDG de Darboussier, vient en paquebot visiter ses usines, il est accueilli au pied de la passerelle par le sous-préfet de Pointe-à-Pitre en personne ; information donnée en 1976 lors de nos recherches au siège de la SIAPAP par Pierre-Louis de La Rochefoucauld, son successeur.
4. AN, 1984 0124/63, dossier "Beauport", note interne du cabinet du ministre des DOM-TOM sur les difficultés financières de l'usine, 13 juin 1969 ; une mention manuscrite marginale non signée nous apprend incidemment que Jacques Chaban-Delmas, alors Premier ministre et maire de Bordeaux, "se préoccupe" de cette affaire.
5. A. Cointet, *Culture de la canne*, p. 107-108.
6. AG SIAPAP, 7 février 1947 et 16 juin 1950. *Nota* : les références archivistiques des assemblées générales d'actionnaires des sociétés sucrières sont données dans la liste des sources.
7. Ch. Schnakenbourg, "Recherches sur l'histoire de l'industrie sucrière à Marie-Galante, 1664-1964", *Bull. Sté d'Hist. Gpe*, n° 48-50, 1981, p. 112-117.
8. ANMT, 1998 030/141, dossier "Guadeloupe 1", affaire Roujol ; AG 27 juin 1963.
9. AN, 1984 0124/63, dossier "Gardel-Sainte-Marthe" ; R. Noirtin, *Economie sucrière et rhumière*, p. 205.

Parallèlement, les dimensions des usines s'accroissent, sous l'effet du progrès technique et de l'élévation des seuils de rentabilité ; leur production annuelle moyenne passe de 5.800 tonnes en 1947-51 à 9.600 en 1955-59 et 16.800 en 1965, à l'apogée de l'histoire sucrière guadeloupéenne. Ces chiffres ne doivent toutefois pas faire illusion : globalement, ces établissements demeurent de petite taille ; en cette même année record 1965, la moyenne est de 20.600 tonnes par sucrerie à la Réunion et 25.800 en métropole. Significatif à cet égard est l'exemple de Darboussier. Voici une usine qui, à l'échelle de la Guadeloupe, est un "monstre" avec, toujours en 1965, 33.800 tonnes et 18 % de la production totale, et la SIAPAP, son propriétaire, est une véritable puissance dans le département ; c'est elle qui donne le "la" dans le milieu sucrier local, et c'est sur elle que s'alignent les autres usiniers dans leurs relations avec les syndicats et les pouvoirs publics. Et pourtant, elle ne se situe qu'au vingt-cinquième rang seulement (sur 120) du classement des sucreries françaises (canne + betterave), à comparer avec les 100.000 tonnes de la première fabrique métropolitaine, Eppeville, dans la Somme ; elle n'est même pas la plus grosse des DOM, deux établissements de la Réunion faisant mieux qu'elle.

Les structures juridiques correspondent bien à celles de la production. On distingue à cet égard deux types de propriété usinière.

Le premier regroupe six usines appartenant à des familles blanches créoles, l'une guadeloupéenne (Courcelles, Grande-Anse), les autres originaires de la Martinique et installées en Guadeloupe entre les deux guerres mondiales (Gardel, Grosse-Montagne, Comté, Sainte-Marthe, Roujol) ; elles assurent autour des 8-9 et 30 % respectivement de la production totale du département. Leur propriété est verrouillée à travers une société familiale, afin d'empêcher toute intrusion extérieure dans le capital ; d'autre part, étant généralement de petite taille (production moyenne = 12.100 tonnes en 1965), leurs besoins de financement sont limités et ne nécessitent pas de réunir des capitaux au-delà d'un cercle restreint de parents et de proches. Ce groupe de propriétaires est extrêmement stable ; les changements survenus en son sein au lendemain de la guerre se font au profit de gens qui étaient déjà des usiniers avant celle-ci (rachat de Sainte-Marthe par Despointes en 1948 et de Courcelles par Bon en 1949). Les quelques modifications survenues ultérieurement dans la personne des associés et la répartition du capital jusqu'en 1965 ne modifient ni le contrôle ni le pouvoir managérial[10].

Le second groupe est celui des sociétés métropolitaines, SIAPAP, SAUB et SOM ; elles possèdent cinq usines (Darboussier, Blanchet, Beauport, Bonne-Mère et Marquisat), fournissant dans les 60 % de la production de la Guadeloupe. Ce sont de gros établissements (moyenne en 1965 = 22.000 tonnes), qui ont besoin de masses importantes de capitaux pour financer leur croissance ; aussi n'est-il pas surprenant que ces sociétés soient des sociétés anonymes. Mais, comme elles ont été créées en 1907, 1908 et 1921 respectivement et sont cotées en Bourse, leur capital tend à se disperser progressivement au fil des ventes et des successions, permettant ainsi l'arrivée de nouveaux associés qui ne sont pas nécessairement désirés. A Beauport, malgré un élargissement croissant de l'actionnariat, les héritiers des trois familles fondatrices de la SAUB parviennent à conserver la majorité jusqu'en 1975, mais il n'en va pas de même à la SIAPAP et aux Sucreries coloniales/d'O-M. Au milieu des années 1950, les conseils d'administration de ces deux sociétés ne contrôlent plus que 25 et 33 % du capital respectivement. Cette dispersion ainsi que les profits très confortables qu'elles réalisent alors (*infra*) suscitent des convoitises et les rendent vulnérables à des attaques extérieures. Marcel Boussac, le "roi du coton" et l'un des principaux industriels de la IVe République, qui cherche alors à se diversifier, monte progressivement au capital des SOM à partir de 1955 et ne tarde pas à y acquérir la majorité[11]. Mais en 1964, ses difficultés croissantes dans le textile le conduisent, pour se procurer de l'argent frais, à revendre tous ses intérêts non stratégiques, dont les Sucreries d'Outre-mer en Guadeloupe et à la Réunion et la Compagnie sucrière en métropole (trois usines en Picardie) ; les deux sociétés sont reprises par le groupe Navigation mixte, alors en train de se désengager du transport maritime au profit d'une croissance de type conglomérai, qui les fusionne l'année

10. Voir diverses informations sur les propriétaires de ces usines dans R. Noirtin, *Economie sucrière et rhumière,* p. 205, ainsi que dans l'*Annuaire Sucrier* des années concernées.

11. ANMT, 1998 030/138, dossier "Augmentations de capital" et -/140 dossier "CFS", note sur l'actionnariat des SOM, 19 mars 1962 ; avec divers "porteurs amis", le groupe Boussac détient 52 % du capital.

suivante au sein de la Compagnie française de sucrerie (CFS)[12]. De son côté, la SIAPAP est victime en 1958 d'un raid sur son capital par ramassage boursier (rachat discret d'actions en Bourse). A la recherche d'un "chevalier blanc", elle fait appel au groupe belge Empain, initialement un "électricien" mais qui cherche alors à se diversifier et saisit toutes les opportunités qui se présentent (Distilleries de l'Indochine, Pain Jacquet, champagne Veuve Clicquot, Skis Rossignol, verreries, hôtellerie...). Il ne laisse pas passer l'occasion d'élargir un peu plus son périmètre et prend le contrôle de l'entreprise[13]. Ces deux opérations marquent le passage de l'industrie sucrière guadeloupéenne dans la sphère du grand capitalisme.

2. *LES COMPOSANTES DE LA CROISSANCE*

• Un phénomène d'ensemble, une dynamique propre

La croissance de l'industrie sucrière jusqu'en 1965 n'est que l'une des composantes d'un phénomène plus général concernant l'ensemble de l'économie guadeloupéenne (*tableau n° 4*).

On peut laisser de côté les trois années de l'immédiat après-guerre ; la première est encore fortement marquée par les séquelles du conflit, les deux suivantes sont de rattrapage des retards accumulés pendant celui-ci. Au-delà, la Guadeloupe entre dans une phase d'expansion longue et forte qui, comme pour l'ensemble de l'économie mondiale en général et française en particulier, se prolonge jusqu'en 1973. C'est la toile de fond de la croissance de l'industrie sucrière ; elle dessine en arrière-plan les conditions macro-économiques favorables à celle-ci. Le taux annuel moyen de croissance du PIB en volume de 1949 à 1973 at-

12. ANMT, introduction du répertoire de la série 1998 030 ("Via Banque"). Boussac cède à une filiale de la Mixte la Société de banque et de participations, par laquelle passait son contrôle sur les deux sociétés sucrières.
13. ANMT, 1998 030/141, dossier "Guadeloupe 1", note interne de la direction des Sucreries d'outre-mer éclairant les dessous de l'affaire, 12 novembre 1958, et informations données à l'auteur par P. L. de La Rochefoucauld, qui était alors secrétaire général de la SIAPAP. Le groupe Empain détient 34 % du capital en 1959 et 40 % en 1965 ; il augmente lentement sa participation par la suite et atteint la majorité dans les années 1970.

teint alors le niveau, très élevé sur une aussi longue période, de 6,2 %, plus élevé même que celui de la métropole (5,3 %).

Tableau n° 4 – *ELEMENTS D'APPRECIATION DE LA CROISSANCE DE L'ECONOMIE GUADELOUPEENNE DE 1949 A 1973*

	1949	1958	1965	1973	*1965/49* = 100	*1973/49* = 100
Produit intérieur brut						
MF courants (a)	156,2	356,4	957,5	2.271,9	613	1.454
En volume (b)	299,9	392.0	794,7	1.273,9	265	424
Production de sucre, tonnes	42.800	117.000	184.800	120.754	431	282
Production de rhum, HAP	102.300	99.400	65.949	94.805	64	92
Exportations de banane, tonnes	48.700	94.000	108.567(c)	132.000	223 (c)	271
Mouvement des marchandises des ports de PAP + BT, 1.000 tonnes						
Entrées	116,4	225,8	329,9	581	283 (c)	499
Sorties	112,3	273,3	322,1	328	286 (c)	292

Sources : INSEE, SEDES.

Notes page suivante

(a) Sauf indication contraire, tous les Francs dont il est question dans cet ouvrage sont ceux de la réforme monétaire de 1959. Pour des raisons de prestige et de simplification comptable, les "anciens Francs" (AF), qui traînaient derrière eux une ribambelle de zéros, conséquence de l'inflation continue depuis 1914, sont alors remplacés par des "nouveaux" (NF), par simple déplacement de la virgule (1 NF = 100 AF). A partir de 1963, toutes les références aux AF et NF disparaissent, et il n'existe plus que le Franc "tout court", qui demeurera en circulation en métropole et dans les DOM jusqu'à son remplacement par l'Euro, en 2002. C'est le seul utilisé ici. Tous les chiffres en AF d'avant 1959 sont convertis en (N)F. Ainsi le PIB de 1949, qui est de 15.620 M d'AF dans les comptes de l'époque, est porté dans ce tableau pour sa contre-valeur de 156,2 M de (N) F.

(b) C'est-à-dire défalcation faite de l'inflation, par conversion en F constants à leur valeur de 1960. Cette conversion permet d'éliminer statistiquement les effets de l'inflation, très forte pendant toute cette période. En l'absence d'un indice guadeloupéen ou antillais antérieur à 1967, nous avons déflaté par l'indice INSEE des prix à la consommation en métropole, sur la base 1960 = 100

(c) 1963 ; voir *infra*, note 35 de ce chapitre.

Bien sûr, cette croissance est, nous y reviendrons, très largement impulsée de l'extérieur, en conséquence des modifications institutionnelles, notamment dans le domaine financier, qui accompagnent la départementalisation. Mais, jusqu'en 1965, la croissance des exportations en volumes est aussi forte que celle des importations, et légèrement supérieure à celle du PIB, et le décalage avec celui-ci est même encore plus favorable au sucre, dont la production est multipliée par plus de 4 contre 2,6 pour l'ensemble des biens et services. En 1965, la Guadeloupe n'est donc pas encore principalement une économie d'importation et de consommation ; la production intérieure, celle du secteur des plantations, demeure un moteur essentiel de la croissance. C'est seulement après cette date, notamment avec le déclenchement de la crise de l'industrie sucrière, que se produit le basculement. Les évolutions comparées entre 1965 et 1973 des volumes du PIB et des entrées de marchandises (bond spectaculaire), d'une part, et de la production de sucre (recul) et des sorties de marchandises (stagnation), d'autre part, en témoignent clairement.

• L'essor démographique[14]

Au cours du troisième quart du XXe siècle, les DOM connaissent à leur tour le phénomène de "transition démographique", qui aboutit à faire passer leurs populations d'un régime "dans lequel la mortalité et la natalité sont élevées à un autre modèle dans lequel la mortalité et la natalité sont faibles. L'espérance de vie dans le modèle pré-transitionnel est de l'ordre de 20 à 40 ans, tandis qu'elle est supérieure à 70 ans dans le modèle post-transitionnel. En général, c'est la mortalité qui baisse en premier, suivie ensuite par la natalité. Ce décalage est à l'origine d'une forte croissance de la population pendant le déroulement de la transition"[15]. L'évolution démographique de la Guadeloupe correspond exactement à ce modèle ; comme à la Réunion, elle se divise en deux phases (*tableau n° 5* et *graphique n° 1*).

Tableau n° 5

EVOLUTION DU MOUVEMENT NATUREL DE LA POPULATION DE 1940 A 1982

Périodes	Naissances (a)	Décès (a)	Accroissement naturel (a)	Taux brut de natalité (b)	Taux brut de mortalité (b)	Taux d'accroissement naturel (b)
1940-44	5,7	3,5	2,2	33	20	13
1945-49	7,2	3,2	4,0	38	17	21
1950-54	8,4	2,9	5,5	38	13	25
1955-59	9,7	2,6	7,1	38	10	28
1960-64	10,5	2,4	8,1	37	8	29
1965-69	10,3	2,5	7,8	33	8	25
1970-74	9,5	2,4	7,1	29	7	22
1975-79	6,6	2,2	4,4	20	7	13
1980-82	6,5	2,2	4,3	20	7	13

Source : INSEE, J. P. Guengant
Moyennes annuelles
(a) En milliers
(b) En ‰

14. G. Malignac, "La situation démographique des quatre Départements d'outre-mer : Martinique, Guadeloupe, Réunion, Guyane", *Etudes et conjoncture*, t. XXII, n° 11, novembre 1967, p. 103-145 ; F. Rifaux, "Situation démographique", *Encyclopédie antillaise*, vol. *Economie et perspectives*, Pointe-à-Pitre, Désormeaux, 1973, p. 51-139 ; INSEE, *Tendances démographiques dans les départements insulaires d'Outre-mer. Martinique, Guadeloupe et Réunion*, Paris, 1972, 261 p. dact. ; H. Domenach et J. P. Guengant, "Continuité et changements de la démographie de la Guadeloupe", *Bull. CENADDOM*, n° 68, 1982, p. 45-57.
15. Nous reprenons ici la définition de F. Sandron (éd.), *La population réunionnaise. Analyse démographique*, Paris, Ed. IRD, 2007, p. 30.

La première s'étend de la fin des années 1940 au début de la décennie 1960. Elle se caractérise tout d'abord par le maintien de niveaux très élevés de natalité. Comme dans de nombreux autres pays au cours de la transition, celle-ci commence même par augmenter légèrement pendant quelques années, pour atteindre son maximum de 41 ‰ en 1955 ; elle tend ensuite à diminuer légèrement, mais demeure presque constamment supérieure à 37 ‰ jusqu'en 1963. On est encore dans une situation où les femmes sont privées de la connaissance et de l'accès aux moyens de contraception et subissent donc un nombre élevé de grossesses. Mais le phénomène nouveau par rapport aux générations précédentes est que ces grossesses sont désormais beaucoup plus souvent conduites à leur terme, en raison des progrès sanitaires et sociaux qui, même s'ils sont encore très limités, commencent déjà à se manifester en Guadeloupe. En même temps, et pour la même raison, se produit une baisse considérable de la mortinatalité (enfants mort-nés) et de la mortalité infantile (76 ‰ en 1952, 41 en 1964) ; non seulement il y a davantage d'enfants, mais en outre ils vivent plus longtemps. Au sommet de ce mouvement, en 1960-64, chaque famille guadeloupéenne compte une descendance moyenne de 5,9 enfants, mais on peut aller jusqu'à dix ou douze dans certains ménages ruraux pauvres.

En face, et toujours en conséquence de l'élévation du niveau de vie et de l'amélioration des conditions sanitaires et sociales, la mortalité tend à diminuer rapidement ; en une génération, de 1940-44 à 1960-64, elle chute de plus de moitié en taux. Conséquence : sur cette génération, l'accroissement naturel bondit, faisant plus que tripler en volume et doubler en taux, et la population passe de 190.000 habitants en 1946 (estimation) à 300.000 (en chiffre rond) en 1965 ; entre 1951 et 1964, la Guadeloupe augmente chaque année de 6.000 à 8.000 habitants de plus, avec des mouvements migratoires encore peu importants et qui ne modifient pas significativement la tendance de fond. C'est l'époque de "l'explosion démographique".

Le retournement de cette tendance est extrêmement rapide. A partir de 1964, la natalité bascule puis subit un véritable effondrement, jusqu'à atteindre un minimum de 17 ‰ à la fin des années 1970. En même temps, la baisse de la mortalité se ralentit considérablement, diminuant en taux de seulement 1,5 ‰. C'est la *seconde phase* de la transition démographique guadeloupéenne. Elle est le fait d'une nouvelle génération

Graphique n° 1

EVOLUTION DE LA DEMOGRAPHIE GUADELOUPEENNE DE 1951 A 1982

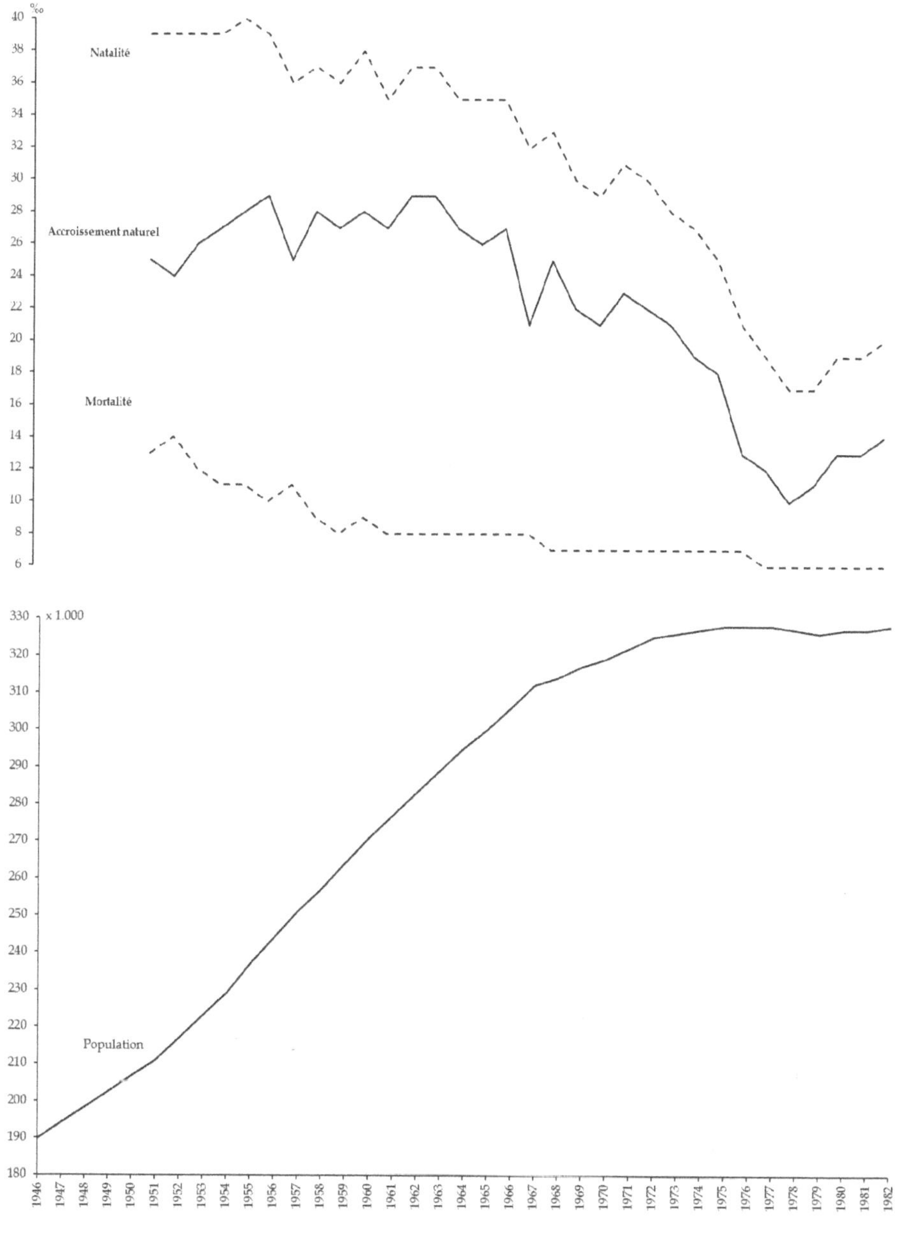

de femmes, plus instruites que leurs mères, ayant accès à la contraception et à l'information nécessaire (création en 1964 de la première association de planning familial en Guadeloupe, "La maternité consciente"), et qui maîtrisent de mieux en mieux leur fécondité dans un environnement médical et sanitaire sans cesse amélioré. La population continue d'augmenter, certes, mais beaucoup plus lentement. De 1964 à 1972, elle ne s'élève plus que de 3.700 unités par an, puis elle se stabilise légèrement au-dessus des 325.000 habitants au cours des dix années suivantes, mais avec un solde migratoire négatif de l'ordre de 60.000 personnes. On peut considérer que le recensement de 1982 marque symboliquement la fin de la transition démographique en Guadeloupe ; l'évolution au cours des décennies suivantes ne relève plus de ce phénomène, même si elle en conserve encore de lourds stigmates.

Cette augmentation extrêmement rapide de la population constitue un facteur essentiel de la croissance générale de l'économie guadeloupéenne dans les décennies 1950 à 1970. Il faut des maisons pour loger tous ces nouveaux habitants, des écoles pour les scolariser, des structures socio-médicales pour améliorer leur santé, des routes et des moyens de transport pour leurs déplacements, un port et un aéroport agrandis pour les relier à l'extérieur, de l'électricité, de l'eau courante, des équipements commerciaux, des stades, des lieux de distraction ... (*chap. 3*). Mais jusqu'à la fin des années 1970, le "problème démographique" n'est perçu par les responsables de la politique ultramarine de la France que comme une source de difficultés et de dépenses. C'est une véritable obsession, lourdement martelée, d'autant qu'il ne se limite évidemment pas à la Guadeloupe ; la population totale des trois DOM insulaires passe de 738.000 habitants en 1954 à 924.000 en 1967 et 1.172.000 en 1982. On parle de situation "inquiétante", "angoissante", d'évolution "qui ne peut être maîtrisée". Le ton général est à la panique ; ainsi en 1967, alors que la décroissance de la natalité est en cours et commence à se voir sur les courbes, l'INSEE publie des perspectives d'évolution qui portent la population de la Guadeloupe à 556.000 h et celle de la Martinique à 526.000 en 1985[16]. Même l'expression d'*explosion* démographique est discutable. Les démographes font observer que les prémisses de la transition se font sentir dès l'entre-deux-guerres, et que le niveau de la natalité en Guadeloupe dans les années 1950 et 1960

16. G. Malignac dans art. « Situation démographique » précité.

"apparaît comme une limite basse des maxima atteints dans certains pays du Tiers Monde"[17] ; on est donc déjà loin d'un régime démographique "naturel". A tout ceci vient s'ajouter une bonne dose de racisme ; il est question de "sexualité débridée", de "vagabondage sexuel", d'"extrême liberté des mœurs", voire même de "lapinisme"[18].

Pour une large part, cette vision exagérément pessimiste tient non seulement à la rapidité de la croissance, mais également à l'extrême jeunesse de cette population, qui ne cesse de s'accentuer ; 49 % des Guadeloupéens ont moins de 20 ans en 1954, 52 % en 1961, 54 % en 1967. Que faire de tous ces enfants quand ils se présenteront sur le marché du travail ? Il est clair que, quel que soit le développement futur des DOM, il n'atteindra jamais un niveau suffisant pour leur fournir à tous un emploi. Mettre en œuvre une politique volontariste d'émigration vers la métropole apparaît alors à l'Etat comme le seul moyen de répondre à ce défi[19].

Ce courant migratoire n'est pas nouveau ; 6.500 Guadeloupéens résident déjà en France en 1954 et 15.000 en 1962. Mais il est systématisé avec la création, en 1963, d'un organisme public *ad hoc*, le BUMIDOM[20], chargé de la sélection des migrants, de leur transport, de leur installation en France, de leur formation professionnelle et, à partir de 1966, des regroupements familiaux. Son objectif n'est pas seulement de "dégonfler" la pression démographique et celle du chômage dans les DOM,

17. H. Domenach et M. Picouet, *La dimension migratoire des Antilles*, Paris, Economica, 1992, p. 58.
18. "Ce serait encourager le lapinisme", ose répondre, dans les années 1950, un fonctionnaire de la Rue Oudinot au Dr Pitat, président du Conseil général et maire de Basse-Terre, qui réclamait l'alignement des allocations familiales des DOM sur celles de la métropole ; propos à nous rapporté par le regretté Joseph Monduc, qui était alors son premier adjoint.
19. *Rapport sur le Ve Plan*, p. 64-67. Il estime à 68.000 la demande prévisible d'emplois nouveaux dans les trois DOM insulaires pour la période 1966-1970, dont 23.000 en Guadeloupe, et à 36.000 les créations prévisibles, dont 12.000 en Guadeloupe. Conclusion : ces perspectives "ne sont pas assez satisfaisantes pour que l'équilibre de l'offre et de la demande de travail puisse s'effectuer de lui-même". Pour résorber cet excédent potentiel, "il y a donc lieu de maintenir ... les principes et les modalités de la politique (antérieure), pour organiser les courants migratoires au départ des trois îles vers la métropole", au rythme de 8.000 personnes par an (dont environ 3.000 depuis la Guadeloupe), pouvant éventuellement être porté à 10.000 si nécessaire.
20. Bureau pour le développement des migrations dans les Départements d'outre-mer.

mais également de répondre, pour la part qui lui revient, à la pénurie de main-d'œuvre en France. On est alors au plus fort de la croissance des "Trente Glorieuses", et toute l'Europe manque de bras. La commission centrale des DOM pour le VIe Plan propose d'attribuer à l'organisation de l'émigration depuis les Antilles et la Réunion les moyens nécessaires pour que "s'établisse une mobilité à l'intérieur d'un marché du travail unique" ; "le surplus de population active des DOM doit compenser le déficit, ou une part du déficit, métropolitain"[21]. Cette migration des originaires des DOM est particulièrement bienvenue, car, à la différence de l'immigration maghrébine ou portugaise, elle fournit à l'administration des personnels de nationalité française (condition alors indispensable) pour occuper les postes peu qualifiés de la fonction publique, et plus largement dans les activités de services, relativement délaissés par les métropolitains en cette époque de plein-emploi (PTT, hôpitaux, RATP, collectivités locales ... : les "OS de la fonction publique"). A la migration organisée par le BUMIDOM viennent s'ajouter, naturellement, tous les départs plus ou moins spontanés d'initiative personnelle et financés par les familles, dont la réalité statistique est difficile à connaître.

En 1982, le BUMIDOM est supprimé et remplacé par l'ANT[22], qui n'a ni les mêmes objectifs ni les mêmes moyens. Pendant toute son existence, il a organisé la migration de 155.900 personnes depuis les trois départements insulaires (la Guyane n'est pas concernée), dont 41.350 au départ de la Guadeloupe[23]. Compte tenu des incertitudes pesant sur la connaissance des migrations volontaires, il faut multiplier approximativement ces chiffres par deux pour connaître le nombre total de départs. En ajoutant ceux antérieurs à 1964, on peut estimer à environ 100.000 le nombre de Guadeloupéens ayant quitté leur île pour s'installer en métropole entre 1950 et 1982, sur un rythme de l'ordre de 1.000 à 2.000 départs jusqu'au milieu des années 1960, puis passant à 5.000 au début de la décennie 1970, avant de culminer autour de 7.000 au milieu de celle-ci ; le nombre de départs ne diminue de façon significative (autour de 3.000) qu'à partir de 1978. De 1968 à 1976, la part de l'accroissement na-

21. *Rapport VIe Plan*, p. 63-64.

22. Agence nationale pour l'insertion et la promotion des travailleurs d'outre-mer.

23. Chiffres récapitulatifs dans *Rapport IEDOM Gpe* 1982, p. 37.

turel absorbée par la migration passe statistiquement de 59 à 158 %[24]. La politique migratoire mise en œuvre à partir de 1960 a donc bien atteint son objectif principal : ralentir puis stabiliser l'augmentation de la population dans les DOM. Mais cette efficacité statistique ne saurait faire oublier la face sombre de l'opération : la honte et le déchirement de ceux qui partent par le BUMIDOM, le déracinement , le racisme et les discriminations à l'arrivée en France, le sentiment d'être, au mieux forcé à l'exil, au pire victime d'une seconde traite négrière[25]. Conçue de façon purement technocratique, comme un simple problème de gestion de flux et de stocks, cette politique migratoire constitue un facteur essentiel de la montée du mécontentement et des revendications autonomiste et indépendantiste qui l'accompagnent (*tome V*).

• **Le grand bond en avant de la production sucrière**

La croissance que connaît l'industrie sucrière guadeloupéenne jusqu'en 1965 la porte à des niveaux de production encore jamais atteints depuis la création des usines, un siècle auparavant. Toutefois, pour spectaculaire qu'elle soit, cette croissance n'est ni linéaire, ni continue. Les fluctuations du marché, du climat et de la situation sociale dessinent une évolution en trois phases que l'on identifie bien sur le tableau n° 6 et le graphique n° 2.

Le redémarrage est laborieux. Les producteurs des DOM en général, et ceux de la Guadeloupe en particulier, bénéficient, dans la seconde moitié des années 1940, d'une demande élevée en provenance de la métropole, qui manque alors absolument de sucre. Mais ils peuvent mal y répondre ; leurs matériels, peu et mal entretenus pendant la guerre, sont

---

24. M. Kampeniers et J. Poirier, *Economie et population en Guadeloupe. La baisse de la fécondité et l'accroissement de l'émigration : les tendances d'un même processus*, Montréal, Centre de recherches caraïbes, 1981, p. 89.

25. Toutes questions extérieures à notre propos et sur lesquelles nous ne pouvons nous appesantir ici. On pourra voir : Centre de psychologie sociale, *La migration des ressortissants des départements d'outre-mer. Aspects médicaux et psycho-sociologiques*, Nice, IDERIC, 1972, 149 p. ; M. Combes et autres, *La traite silencieuse. Les émigrés des départemnts d'outre-mer*, Paris, L'Harmattan, 1977, 147 p. ; AGEG, *L'émigration travailleuse guadeloupéenne en France*, Paris, L'Harmattan, 1979, 149 p. ; CFDT, *Les travailleurs antillais, guyanais, réunionnais en lutte. Contre le colonialisme et le racisme, pour le droit à la différence et l'unité des travailleurs*, Paris, Ed. Caribéennes, 1980, 89 p.; D. Holder, *Natifs des DOM en métropole. Immigration et intégration*, Paris, L'Harmattan, 2013, 276 p.

à bout de souffle, et, même s'ils ont les moyens de les renouveler, ils se heurtent à la difficulté de trouver des fournisseurs chez les équipementiers, sollicités par toute l'industrie sucrière européenne. En outre, les intercampagnes 1946 et 1947 sont marquées par de sévères sécheresses, qui réduisent sensiblement les volumes de canne disponibles lors des deux récoltes suivantes. Enfin, des grèves longues et dures retardent sérieusement les deux campagnes 1947 et 1948, et achèvent de faire chuter la production.

Tableau n° 6

EVOLUTION DE LA FILIERE CANNE-SUCRE
TOTAL GUADELOUPE, 1946-1965

	Superficie de canne (1) (Ha)	Cannes manipulées par les usines (Tonnes)	Production de sucre (Tonnes)
1946	24.500	510.800	45.081
1947	25.000	460.200	35.125
1948	25.600	485.400	28.095
1949	25.000	608.300	42.775
1950	25.000	760.900	65.009
1951	25.500	945.800	74.651
1952	24.500	1.254.700	96.284
1953	25.000	1.033.700	87.293
1954	22.000	1.103.300	103.100
1955	22.000	1.148.600	116.725
1956	23.000	1.451.700	129.914
1957	23.500	1.203.900	117.522
1958	26.000	1.335.600	117.037
1959	28.000	1.534.000	141.692
1960	30.000	1.684.800	152.040
1961	30.000	1.874.300	167.813
1962	28.000	1.854.900	170.090
1963	28.000	1.706.100	167.423
1964	30.000	1.801.300	166.894
1965	31.500	1.847.100	184.812

(1) Estimation
Source : INSEE et CTCS

EVOLUTION DE LA PRODUCTION PAR USINE

	Darboussier	Blanchet	Bonne-Mère	Marquisat	Beauport	Gardel
1946	11.012	3.985	13.045		4.835	3.837
1947	9.222	3.728	8.949		4.026	3.746
1948	6.556	3.285	7.090		2.019	3.209
1949	8.722	5.044	7.071		7.137	5.195
1950	12.050	5.982	9.400		10.517	7.890
1951	13.030	7.287	10.334		13.391	7.989
1952	16.664	8.375	7.731	9.282	15.416	10.713
1953	15.949	7.623	9.514	8.592	11.493	9.557
1954	20.450	9.090	8.543	9.084	15.644	10.775
1955	23.258	10.550	10.217	10.350	15.962	11.558
1956	23.995	10.683	12.052	11.195	18.563	14.313
1957	19.746	10.610	12.838	8.366	19.353	13.177
1958	21.689	9.915	12.530	9.793	18.018	12.807
1959	26.717	10.684	15.215	10.851	21.794	15.003
1960	27.752	12.615	17.051	12.387	20.132	17.586
1961	29.733	14.153	16.956	12.768	27.755	16.693
1962	28.043	14.050	15.845	11.739	29.647	18.193
1963	29.077 (a)	12.351	17.906	12.551	29.115	18.195
1964	27.573 (a)	13.179	19.360	12.381	27.121	16.837
1965	33.801	15.543	18899	10.857	32.119	18.754

	Grosse-Montagne	Courcelles	Comté de Lohéac	Sainte-Marthe	Grande-Anse	Roujol	Robert
1946	1.509		1.045	509		288	0
1947	1.009		597	0		0	0
1948	1.010	378	926	723	1.557	91	0
1949	1.117		1.030	940		674	0
1950	3.245		2.920	3.662		836	0
1951	5.546		4.504	3.206		2.139	651
1952	8.060	3.434	5.333	4.668	3.991	2.058	522
1953	7.250	3.590	3.960	3.955	3.384	1.981	455
1954	8.916	3.567	6.426	3.450	4.674	1.628	845
1955	11.206	3.924	6.872	3.712	4.545	3.451	1.117
1956	13.160	5.264	6.347	5.851	4.584	2.846	1.059
1957	9.020	4.902	5.853	5.918	4.379	2.294	1.065
1958	10.100	4.028	5.816	5.756	3.523	2.348	712
1959	12.045	5.190	7.970	7.036	4.558	3.529	1.100
1960	12.751	5.905	8.261	7.157	6.725	3.717	-
1961	16.034	6.246	9.661	6.923	6.905	3.986	
1962	15.851	6.573	9.093	10.051	7.723	3.281	
1963	13.397	7.084	8.003	9.856	9.885	-	
1964	13.905	6.835	8.611	9.888	11.201		
1965	15.758	7.190	8.991	11.502	11.397		

Tonnes de sucre

(a) Y compris sucres fabriqués à partir des cannes apportées depuis Marie-Galante.

Graphique n° 2 – *EVOLUTION DE LA PRODUCTION TOTALE DE SUCRE*

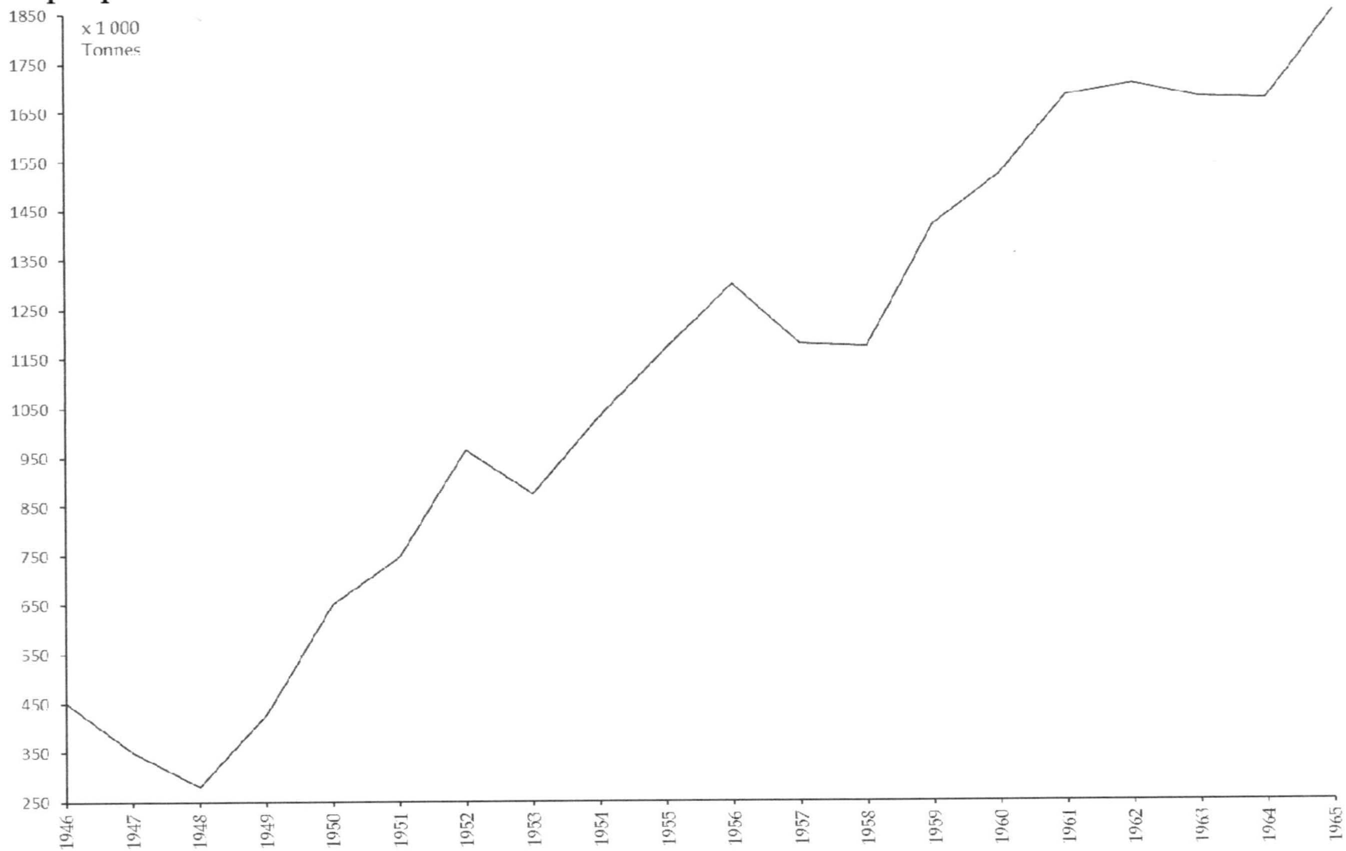

A partir de 1949, les programmes de modernisation des usines commencent à faire sentir leurs effets, et la croissance démarre réellement. Le record antérieur de 69.600 tonnes en 1942 est dépassé dès 1951, puis pratiquement chaque année voit une progression par rapport à la précédente. L'ascension n'est interrompue, d'ailleurs très provisoirement, que par des accidents climatiques en 1952 (deux coups de vent) et 1956 (cyclone Betsy), ainsi que par des conflits sociaux particulièrement aigus survenus ces deux mêmes années, qui impactent lourdement l'approvisionnement et le fonctionnement des usines et dont les effets cumulés font diminuer la production en 1953 et 1957.

La croissance reprend avec vigueur dès l'année suivante et s'accélère encore entre 1959 et 1961, quand arrive en Guadeloupe une demande nouvelle en provenance des Etats-Unis[26]. Dans la première moitié de la décennie 1960, les productions de canne et de sucre atteignent des niveaux si élevés qu'ils correspondent plus ou moins aux limites écologiques et économiques de la filière ; on observe d'ailleurs que, pendant tout ce temps, le volume de cannes manipulées reste pratiquement stable autour de 1.800.000 tonnes. Enfin, en 1965, se situe l'apogée des "Vingt glorieuses" de la sucrerie guadeloupéenne ; grâce à des circonstances climatiques exceptionnellement favorables, les usines globalement, et pratiquement toutes en particulier, établissent leurs records historiques absolus de production (*tableau n° 5*). Le chiffre de 184.812 tonnes atteint alors ne sera plus jamais retrouvé par la suite.

• Une profitabilité moyenne mais en augmentation

L'évolution des résultats comptables n'est pas moins "glorieuse" que celle de la production, du moins si nous en jugeons par ceux des trois sociétés métropolitaines, obligées, par leur statut de société anonyme, de publier chaque année leurs comptes (*tableau n° 7*). Sauf en deux années exceptionnelles (1948 pour la SAUB, 1953 pour la SIAPAP), et d'ailleurs pour de très faibles montants, tous les exercices se terminent sur des bénéfices. Sur le long terme, la tendance générale est très nettement à la hausse, et celle-ci n'est pas due principalement à l'inflation, comme le montre la conversion en Francs constants qui permet de neutraliser

26. En conséquence de la rupture des relations avec Cuba ; voir chap. 3

Tableau n° 7

LES RESULTATS DES SOCIETES SUCRIERES METROPOLITAINES DE 1947 A 1964

	SIAPAP			Sucreries col./SOM				SAUB			
	Résultat net (1) X 1.000		Rentab. fin. % (4)	Résultat net (1) X 1.000		Rentab. fin. % (4)	Marge nette % (5)	Résultat net (1) X 1.000		Rentab. fin. % (4)	Marge nette % (5)
	Francs courants (2)	Francs constants 1960 (3)		Francs courants (2)	Francs constants 1960 (3)			Francs courants (2)	Francs constants 1960 (3)		
1947	4	12	2,7	588	1.834	11,5		124	387		3,7
1948	260	512	3,0	686	1.351	8,2		- 52	- 102		
1949	398	764	3,7	716	1.374	7,4		499	958		8,9
1950	497	860	4,4	1.354	2.342	11,7	8,2	1.272	2.200		14,5
1951	445	658	3,9	1.558	2.306	12,8	5,3	345	510		3,2
1952	541	714	4,8	1.624	2.143	12,0	3,9	1.366	2.076	47,4	11,2
1953	- 1,5	- 2	-	1.719	2.303	11,3	3,9	296	396	7,2	3,2
1954	2.091	2.802	16,1	1.400	1.876	9,0	3,0				
1955	1.439	1.914	8,8	1.868	2.484	8,5	4,2	22	29	0,3	0,2
1956	3.587	4.663	25,0	3.992	5.189	15,1	7,8				
1957	1.023	1.289	4,7	2.309	2.909	6,1	3,9				
1958	672	739	3,1	3.070	3.377	7,4	5,6	555	610		3,5
1959	1.512	1.557	6,7	3.389	3.490	7,5	5,2	1.768	1.821		8,9
1960	2.442	2.442	10,0	3.080	3.080	6,0	4,7	2.331	2.331	18,9	11,8
1961	2.336	2.266	7,5	2.249	2.181	3,8	2,8	2.677	2.596	16,9	9,5
1962	1.957	1.800	5,9	1.695	1.559	2,7	1,8	2.618	2.408	15,1	9,7
1963	3.153	2.774	8,4	2.021	1.778	2,9	2,4	2.549	2.243	13,4	8,2
1964	5.024	4.270	12,9	3.513	2.986	5,5	4,5	1.864	1.584	9,1	5,6

Sources

SIAPAP : ANMT, 1994 042/002 et 1995 062/377, plaquettes imprimées des rapports à l'AG, 1946-1972

S. col./SOM : ANMT, 1995 062/195 et 449, plaquettes d'AG, 1946-1965. Quelques données complémentaires dans ANMT, 1998 030/138, dossier "Amaury de l'Epine", et ANOM, 1 FIDES 1, dossier 5.

SAUB : Arch. SAUB, "Rapports J. Filloux", secrétaire général de la société, étude financière sur les exercices 1942 à 1952 ; ANMT, 1995 062/49, rapports dact. à l'AG, 1960-65 ; AN, 1984 0124/63, dossier Beauport, "Etude préliminaire" (1968), séries diverses 1946-1968 ; ADG, 15 J 7, chiffres épars divers, 1952-55.

Notes communes aux trois sociétés

1. A partir de 1953, le bénéfice net indiqué ici inclut les provisions défiscalisées pour réinvestissement du décret de 1952 (*voir chap. 2*)
2. En Francs de la réforme monétaire de 1959 ; voir note (a) du tableau n° 4.
3. Voir note (b) du tableau n° 4
4. Rentabilité financière = rapport du bénéfice net aux fonds propres (capital + réserves ; nous y incluons également les provisions qui ne se distinguent pas toujours très clairement des réserves dans les bilans).
5. Marge nette = rapport du bénéfice net au chiffre d'affaires.

ses effets ; de la première année normale de l'après-guerre[27] à 1964, à la veille du retournement, le bénéfice réel est multiplié par six aux SOM, par huit à la SIAPAP et par quinze à la SAUB. Evidemment, comme pour la production, la progression n'est pas linéaire. Lente et irrégulière jusqu'en 1951, elle s'accélère très fortement au début de la décennie 1950 avant de se stabiliser à des niveaux absolus records entre 1960 et 1964 ; en 1963, la trésorerie des SOM est si abondante qu'elle "dépasse les besoins de l'exploitation"[28]. A court terme se produisent parfois à la SIAPAP et à la SAUB des bonds et des chutes qui reflètent le plus souvent les fluctuations des conjonctures climatique et sociale (1948, 1953, 1956-57), mais dont certains, plus surprenants, ne trouvent pas d'explication dans les archives (SIAPAP en 1954, SAUB en 1950 et 1952) ; les résultats des Sucreries coloniales/d'O-M sont plus réguliers, sans doute parce que, possédant des usines à la fois en Guadeloupe et à la Réunion, la société peut compenser les pertes des unes par les profits des autres, et inversement.

27. 1947 pour les Sucreries coloniales et la SAUB, 1948 pour la SIAPAP. L'exercice 1946 (campagne 1945-46) est encore très marqué par les séquelles de la guerre, et l'inflation est si forte qu'elle brouille la lisibilité des chiffres.

28. AG 21 mai 1964.

La politique d'affectation de ces résultats est clairement orientée dans le sens d'une priorité donnée aux actionnaires. L'illustration caricaturale en est ici les 97 % distribués à ceux de la SIAPAP entre 1947 et 1952, mais ceux des SOM pendant toute la période et de la SAUB de 1959 à 1964 n'ont pas trop à se plaindre non plus (*tableau n° 8*). Il est malheureusement impossible d'estimer le taux de récupération du montant de leurs actions sur l'ensemble de la période (probablement entre 1,5 et 2 fois), mais sur les six années 1959 à 1964, pour un nominal de 50 F, les actionnaires ont récupéré 20 F à la SIAPAP, 22 aux SOM et 27 à la SAUB. "C'était l'âge d'or", se lamentait un actionnaire de Beauport rencontré dans les années 1970.

Tableau n° 8

PART DU BENEFICE NET DISTRIBUE AUX ACTIONNAIRES

	SIAPAP	SOM	SAUB
1947-52	97	66	19
1953-58	22	51	12 (a)
1959-64	19	67	45

En %

(a) Calculé sur les seuls trois exercices connus de cette période (1953, 1955, 1958)

Il reste néanmoins que, ramenée à un exercice moyen, cette rentabilité-action n'est pas exceptionnellement élevée : 6,6 % pour les actionnaires de la SIAPAP, 7,3 % pour ceux des SOM, 9 % pour ceux de la SAUB, alors que, au moins pour les deux dernières citées, on est au plus haut de la distribution ; pour un épargnant désireux de placer des capitaux dans l'industrie, il existe des dizaines d'opportunités de rentabilité plus élevée en métropole, ne serait-ce que dans la sucrerie de betterave. Plus largement, d'ailleurs, le tableau n° 7 montre que la profitabilité des trois sociétés est médiocre, qu'on l'apprécie par rapport aux capitaux propres ou au chiffre d'affaires. Exception faite de l'exercice 1952 à la SAUB, dont le niveau exorbitant de 47 % est le résultat d'un biais statistique[29], on ne dépasse que rarement les 10 % pour les deux ratios de

29. La société avait pratiquement asséché toutes ses réserves constituées au cours des années précédentes pour financer un énorme plan d'investissement (*voir chap.* 2). Le dénominateur de la fraction P/K+R est donc très bas, alors que les excellents résultats de l'exercice 1952 ont fait monter très haut le numérateur.

rentabilité financière et de marge nette. A la SIAPAP et à la SAUB, ils ne s'orientent définitivement à la hausse que dans les dernières années de la période, au début de la décennie 1960, après avoir beaucoup fluctué au cours des treize années précédentes ; aux SOM, ils sont clairement à la baisse sur l'ensemble de la période. Evidemment, comparés aux conditions de vie et de rémunération de leurs salariés, les résultats de ces trois sociétés peuvent sembler scandaleusement enrichissants pour leurs actionnaires, mais ce n'est sans doute pas ce qu'attendaient Marcel Boussac et le baron Empain en venant en Guadeloupe.

Encore faut-il noter que, dans leur cas, il y a au moins eu distribution de dividendes, ce qui n'est pas le cas pour toutes les usines de la Guadeloupe. Les trois sociétés métropolitaines sont peut-être l'arbre qui cache la forêt. Roujol, trop petite, ne survit que difficilement et essaie pendant toute la décennie 1950 de se faire racheter par les SOM[30], Comté essuie de lourdes pertes entre 1953 et 1955, tandis que Courcelles, Sainte-Marthe et Grande-Anse connaissent "une situation financière à peine équilibrée ou même difficile"[31]. Même entre usiniers, la prospérité des "Vingt glorieuses" de la sucrerie guadeloupéenne semble avoir été bien inégalement partagée.

• **Les évolutions contrastées des autres productions d'exportation**

Ce sont la banane, le rhum et, à titre résiduel, le café.

La banane constitue la seconde grande production d'agriculture commerciale de la Guadeloupe[32], fournissant constamment le tiers environ de ses exportations pendant toute la période retenue ici. Elle est le fait essentiellement de petits planteurs, au nombre de 2.300, exploitant en moyenne 3,7 ha chacun en 1970, dont 66 seulement atteignent 20 ha.

---

30. En 1949, 1953, 1957, 1959 ; ANMT, 1998 030/141, dossier "Guadeloupe 1", notes de la direction des SOM des 4 et 21 août 1959 ; l'opération se fera finalement en 1962.
31. AN, 1984 0124/1, rapport sur la production sucrière et rhumière aux Antilles, par E. Léger, inspecteur des Finances, octobre 1959 (cité désormais "Rapport Léger").
32. J. C. Maillard, "Eléments pour une histoire de l'industrie bananière en Guadeloupe", *Bull. Sté d'Hist. Gpe*, n° 13-14, 1970, p. 127-156 ; n° 25, 1975, p. 35-52 ; n° 37, 1978, p. 4-24 ; n° 67-68, 1986, p. 3-29 ; J. Menauge, *Planteurs et plantations de banane en Guadeloupe*, Talence, CENADDOM, CEGT-CNRS, 1974, 276 p.

En outre, la SIAPAP et les SOM possèdent environ 300 ha de bananeraie chacune sur leurs habitations de la Basse-Terre ; elles s'en dégagent au milieu des années 1960, après le cyclone Edith, dans le cadre de la restructuration de leurs domaines fonciers[33]. Ses exigences écologiques très différentes de celles de la canne ont permis à la banane de se développer dans des zones négligées par celle-ci, principalement dans la moitié sud de la Basse-Terre ; après la fermeture de l'usine Marquisat et l'abandon de la culture de la canne dans la région, en 1968, elle progresse rapidement le long de la Côte-au-Vent, à Capesterre et Goyave[34]. Elle bénéficie également de la crise du café, qui favorise son expansion Côte-sous-le-Vent. Au total, la superficie cultivée en bananier passe de 5.000 ha environ au lendemain de la guerre à 8.500 au début de la décennie 1960 ; elle ne semble pas avoir beaucoup augmenté au cours des années suivantes.

Entre la reprise des exportations, en 1946, et 1963, la production augmente de façon pratiquement continue (*Graphique n° 3*), malgré les attaques du cercospora, une maladie dégénérative du bananier, la concurrence croissante des colonies africaines (Guinée, Cameroun, Côte d'Ivoire), et l'absence d'un port en eau profonde à Basse-Terre, où les fruits sont chargés en rade par des chalands dans des conditions parfois acrobatiques (il faut attendre 1964 pour que l'équipement soit enfin réalisé). Les planteurs bénéficient tout d'abord d'une demande métropolitaine extrêmement forte et en constante élévation ; le Français est le second consommateur européen de banane, avec une moyenne de 4,5 kg/hab. en 1950 et 8 en 1965. En même temps, la Compagnie générale transatlantique, qui dispose alors du monopole du transport des fruits vers la France, met en service, entre 1949 et 1964, une nouvelle flotte bananière de 18 navires plus grands et plus rapides (la série des "Fort ..."), qui améliore considérablement l'accès au marché ; on passe d'un navire tous les trois jours depuis Basse-Terre + Fort-de-France en 1950 à un tous les deux jours de chacun de ces deux ports dix ans plus tard. Enfin, en 1962, un arbitrage rendu par le général De Gaulle en personne assure la pérennité de ses débouchés à la banane antillaise, menacée par la concurrence des pays africains nouvellement indépendants et produisant à des coûts très inférieurs; les importations en France sont

33. AG SOM 21 mai 1964 ; SIAPAP 13 juin 1965 et 17 juin 1966.

34. A. Morvany, *La fermeture de l'usine du Marquisat de Capesterre (Guadeloupe) et ses conséquences géographiques*, maîtrise de Géographie, Univ. Bordeaux III, 1972, 172 p.

Graphique n° 3

EVOLUTION DES EXPORTATIONS DE BANANES

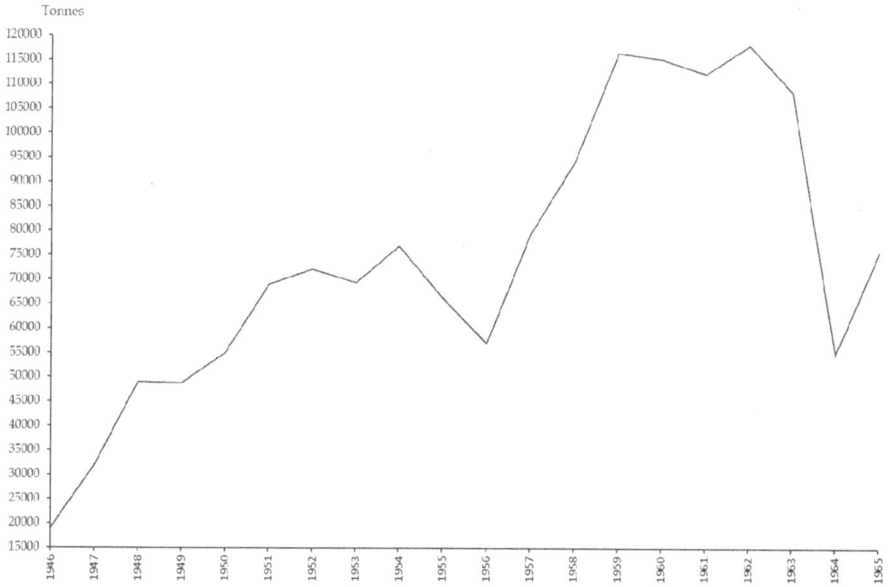

Source : J. Menauge

Graphique n° 4

EVOLUTION DE LA PRODUCTION DE RHUM

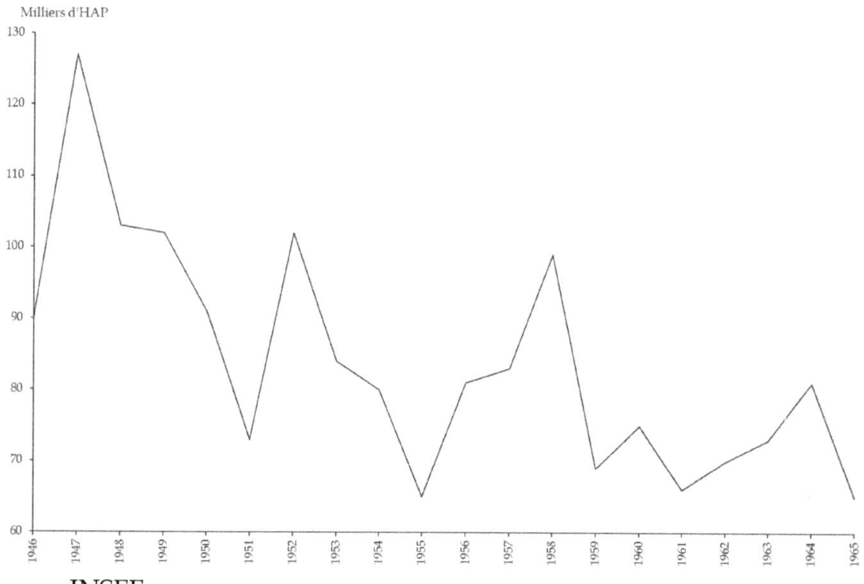

Source : INSEE

contingentées et les deux tiers réservés aux DOM, dont 31 % à la Guadeloupe. C'est l'apogée du premier cycle bananier guadeloupéen de l'après-guerre. A partir de 1964, une série de cyclones et la situation très difficile qui en résulte pour les planteurs font chuter de moitié les exportations (de 108.000 à 54.000 tonnes), puis elles stagnent ensuite autour des 90.000 t jusqu'à la fin de la décennie[35] (*Voir graphique n° 3*).

Le rhum[36] demeure un pilier de l'économie guadeloupéenne, mais, par rapport à l'avant-guerre, il a cessé de jouer un rôle moteur dans celle-ci. Globalement, l'activité est en déclin. Sur l'ensemble de la période sous examen dans ce chapitre, sa production diminue de 35 % et sa part dans les exportations de moitié ; en 1965, elle ne représente plus que 7 % du total (*Graphique n° 4*).

La cause première de cette évolution est de nature structurelle et réside dans la baisse de la consommation. En métropole, elle passe d'une moyenne annuelle de 102.000 hl d'alcool pur (HAP) entre 1948 et 1953 à 72.000 en 1960-65. Le rhum est victime de la vague croissante d'autres alcools produits par distillation (whisky, cognac ...), d'une utilisation non pas apéritive mais de complément dans certaines recettes (pâtisserie), et enfin de son image de boisson d'hiver (grogs) qui le rend très dépendant des conditions météorologiques ; ainsi l'hiver particulièrement rigoureux de 1962-63 fait passer sa consommation de 126.000 à 143.000 HAP. Usines et distilleries ne parviennent même plus à expédier la totalité de leur contingent de 68.065 HAP de rhum d'exportation qui avait été accordé à la Guadeloupe lors de l'établissement du contingentement des importations en France de rhums coloniaux, en 1922-23[37] ; sur la moyenne des quatre années 1962-65, leurs ventes en métropole se montent à 43.000 HAP (63 % du contingent), auxquels viennent s'ajouter 5.700 vers l'étranger. La baisse concerne également le marché local. Au lendemain de la guerre, en un temps d'extrême pauvreté où le

35. C'est la raison pour laquelle nous portons le chiffre des exportations de 1963 au lieu de 1965 dans le tableau n° 4, ainsi que pour le mouvement des ports, car le trafic de Basse-Terre est très lourdement impacté par la crise de la banane.

36. A. Bicheron, "La production sucrière et rhumière aux Antilles", *JORF, Avis et rapports du Conseil économique*, 1953, n° 12 (cité désormais *Rapport Bicheron*) ; "Rapport Léger", 1959 ; A. Cointet, *Culture de la canne*, p. 123-131 ; G. Lasserre, *La Guadeloupe*, t. II, p. 538-544.

37. Voir sur ce point notre t. III, *Fluctuations et dépendance*, p. 131-140.

rhum joue un rôle de substitut alimentaire énergétique en raison de son prix très bas, la Guadeloupe "boit" la quasi-totalité de son contingent de consommation locale de 20.160 HAP, et probablement beaucoup plus en raison de la fraude. Quinze ans plus tard, l'élévation du niveau de vie et les modifications du régime alimentaire qui s'ensuivent ont entraîné une baisse très sensible de la consommation intérieure ; elle n'est plus officiellement "que" de 12.000 HAP en 1962-65, mais sans compter la fraude, toujours très élevée aux dires de contemporains.

Il résulte de tout ceci que la surproduction règne. Pour réguler le marché, un décret du 16 juin 1949 réintroduit les mesures dirigistes du blocage et de l'échelonnement déjà mises en œuvre pendant la crise des années 1930[38]. Les expéditions ne peuvent être effectuées qu'avec l'autorisation du ministère de l'Economie ; le contingent annuel est divisé en dix tranches qui sont débloquées en fonction de l'état du marché métropolitain, et celles qui ne trouvent pas d'écoulement sont annulées. Le nombre de tranches effectivement débloquées diminue lentement, passant des dix prévues initialement à entre cinq et sept à partir de 1959.

Cette situation engendre de vives tensions entre usines et distilleries, celles-ci accusant celles-là de vouloir les éliminer[39]. L'organisation locale de la production se caractérise en effet par un désordre extrême. Deux décrets de 1934 avaient, pour éviter un effondrement total des distilleries, autorisé les transferts de contingents entre elles, mais seulement en cas de force majeure et à titre exceptionnel entre deux établissements situés dans la même commune ou distants de moins de 8 km ; il s'agissait de fournir un débouché aux planteurs en cas de fermeture des établissements auxquels ils livraient jusqu'alors des cannes. Mais l'exception ne tarde pas à devenir la règle ; l'administration accorde systématiquement les autorisations demandées. Les petits distillateurs arrêtent leur fabrication pour "céder" chaque année, moyennant finances, leur contingent à une autre distillerie, ou, bien que ceci ne soit en principe pas possible, à une usine par le moyen détourné de la "fabrication à façon" ; de même, les cessions et regroupements s'opèrent souvent entre établissements très éloignés, comme, en 1954, entre Delisle (Petit-Canal)

38. *Ibid*, p. 160-162.

39. P. Bouverot, *Mémoire sur le régime du contingentement des rhums de la Guadeloupe*, Pointe-à-Pitre, Impr. Lautric, 1953, 14 p.; brochure conservée dans ADG, s. c. 2094.

et Bien Désirée (Saint-François)[40]. On assiste ainsi à la transformation d'un simple droit administratif à produire en un élément du patrimoine de ceux que Paul Bouverot, le président du Syndicat des distillateurs, n'hésite pas à qualifier de "parasites", qui perçoivent une véritable rente au détriment des producteurs effectifs. C'est ce que l'on appelle alors le "scandale du contingentement". Et il va parfois fort loin. En 1948, un relevé effectué par le service des Contributions indirectes révèle que, sur 111 distilleries bénéficiant d'un contingent, 64 "existent réellement", 37 "ne peuvent plus fonctionner" (dont deux au moins depuis les années 1920) et 10 n'ont jamais fonctionné, ni même existé[41] ; mais parmi celles qui "existent réellement", elles ne sont alors que 49 effectivement "fumantes" et 32 en 1956, dernière année d'application de ce système.

A partir de 1951, l'administration entreprend de réformer le régime du contingentement, déclenchant évidemment des torrents de protestations[42]. Il faut quatre ans pour surmonter oppositions et difficultés, et parvenir au décret du 20 mai 1955, qui entre en application deux ans plus tard. Les cessions annuelles de contingents sont désormais interdites. Les distilleries "non fumantes" doivent céder le leur à titre définitif ; quant à celles qui cesseront de produire à l'avenir, leur contingent sera supprimé et reversé à la masse après deux campagnes sans fabrication. Par contre, les regroupements entre établissements "fumants" demeurent autorisés, y compris entre distilleries et usines ; ainsi en 1963, Espérance, à Sainte-Marie, est fusionnée avec Monrepos, et la Lise (Bouillante) avec Séverin, tandis qu'est créée à Lamentin une nouvelle distillerie de grandes dimensions, la plus grosse de la Guadeloupe avec 31 % du contingent total, qui fusionne, sous le nom de Bellevue, celles du Carénage (PAP), Bellevue (Anse-Bertrand) et de l'usine de Grosse-Montagne[43]. Jointe à la hausse des coûts et aux difficultés persistantes d'écoulement de leur production, la mise en œuvre de ce texte va accélérer le mouvement de concentration des distilleries, ce qui était bien l'un des objectifs recherchés ; de 1956 à 1970, leur nombre tombe de 32 à 21, tandis que leur production unitaire passe de 507 à 1.370 HAP.

---

40. Nombreux dossiers de demandes de transferts et regroupements de distilleries entre 1946 et 1954 dans ADG, s. c. 2095.

41. ADG, s. c. 2096.

42. Voir le dossier 1951-53 dans ADG, s. c. 2094.

43. AN, 1984 0124/76, dossier "Campagne 1963-64", projet d'arrêté joint à la note du chef de service des Affaires Economiques des DOM au ministre du 26 juin 1963.

Enfin, pour être tout à fait complet, il faut évoquer ici *le café*[44], mais pour mémoire seulement. L'ancienne "reine" des cultures "secondaires" à la fin de l'Ancien Régime (39 % des exportations en valeurs pour France en 1789) est en plein déclin. Les caféiers, presque entièrement détruits par le cyclone de 1928, ont été abandonnés et remplacés par des bananiers. Dans les années 1950, le café ne survit plus, pour l'essentiel, que Côte-sous-le-Vent, où il occupe 350 à 400 ha, dont une cinquantaine seulement en plantations homogènes et le reste en culture intercalaire avec le bananier. Quoique d'excellente qualité et se vendant très bien sur le marché métropolitain, le café guadeloupéen n'est pas compétitif par rapport à celui des grands pays producteurs d'Amérique du Sud (Brésil, Colombie ...) et, dans l'Union Française, de la Côte d'Ivoire. Après une brève reprise de déstockage au lendemain de la guerre, les exportations ne cessent de diminuer, tombant de 383 tonnes en 1952 à 51 en 1964 ; au-delà, le café disparaît des statistiques.

44. G. Lasserre, *La Guadeloupe*, t. II, p. 739-742. Des informations intéressantes dans *Rapport IIIe Plan*, p. 172-175.

CHAPITRE II

LE ROLE MOTEUR DE L'INVESTISSEMENT

Les usiniers ne se sont pas contentés d'attendre tranquillement qu'advienne la croissance, ils ont fait ce qui dépendait d'eux pour la soutenir. C'est tout l'enjeu de leur politique d'investissement et d'accroissement de la productivité, qui joue un rôle moteur dans la formidable expansion des Vingt glorieuses. Cette politique porte à la fois sur les usines et sur les domaines fonciers.

1. EXTENSION ET MODERNISATION DE L'OUTIL INDUSTRIEL

• Les programmes d'investissement

L'évolution de l'investissement dans les trois principales sociétés sucrières de la Guadeloupe entre 1947 et le milieu des années 1960 figure, en Francs constants 1960 pour éliminer les effets de l'inflation, sur le graphique n° 5[1]. Elle s'articule autour de deux grandes vagues de modernisation.

La première est celle de la reconstruction. Au sortir de la guerre, les usines sont complétement obsolètes. Presque entièrement privées de pièces de rechange depuis sept ans, leur entretien se limite au strict minimum indispensable pour pouvoir fonctionner malgré tout, et les réparations "sont souvent effectuées avec du matériel déjà mis au rebut"[2]. Le rendement industriel moyen pour l'ensemble des usines, qui était de

1. *Sources*. Pour la SIAPAP, bilans. Pour les SOM, ANMT, 1998 030/138, dossier "Amaury de l'Epine", tableau récapitulatif total et Guadeloupe, 1947 à 1959 ; au-delà, seul le total est connu, inutilisable pour nous. Pour la SAUB, "Rapport Filloux" jusqu'en 1952, bilans connus ensuite ; quelques données éparses dans ADG, 15 J 7.
2. AG SIAPAP 16 février 1945.

Graphique n° 5 – *LES INVESTISSEMENTS DES SOCIETES METROPOLITAINES DE 1947 A 1965*

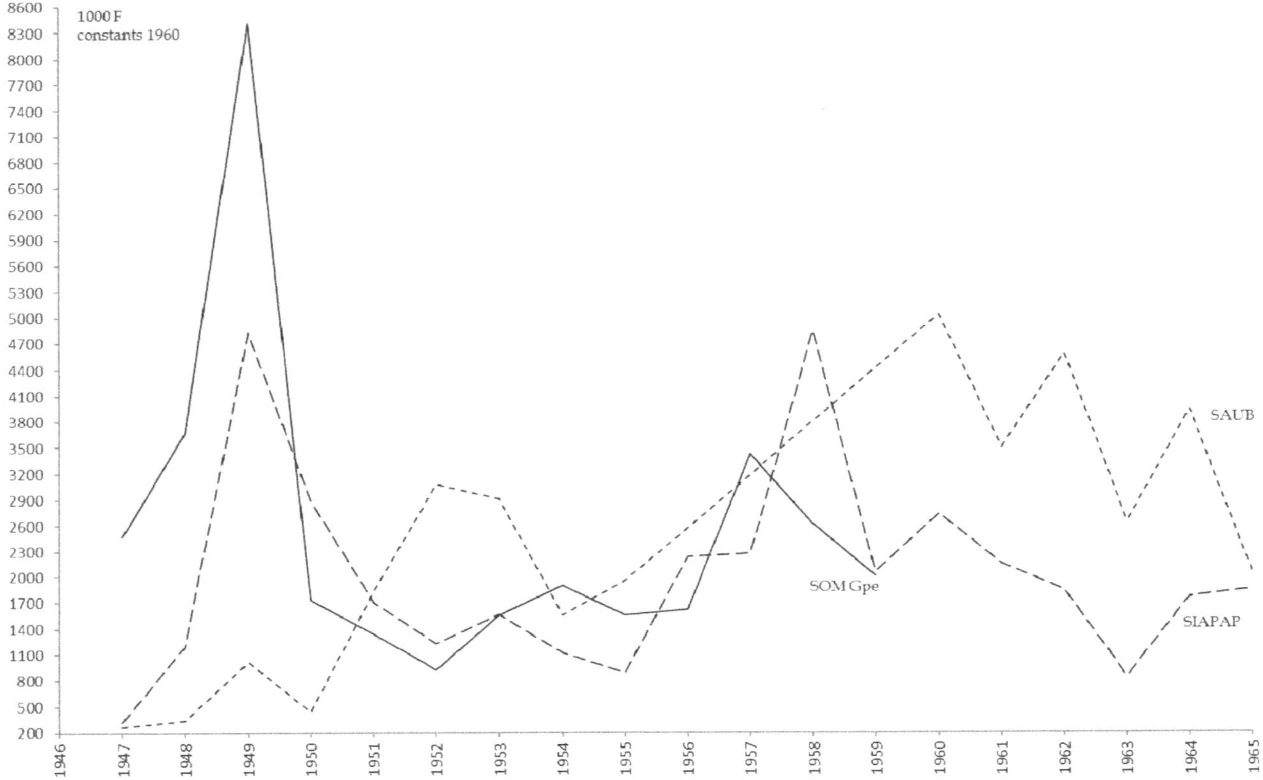

9,59 sur les deux campagnes 1938 + 1939, a reculé d'un point (8,63) en 1945 + 1946 ; pour chaque tonne de canne passée aux moulins, 10 kg de sucre, donc 10 %du chiffre d'affaires, sont ainsi perdus, et ceci sans parler des pannes, des pertes de vapeur, de celles de sucre après la fabrication, et d'une façon générale des difficultés de fonctionnement d'équipements à bout de souffle. Tout est à reconstruire.

C'est ce à quoi s'attachent immédiatement les usines. Les programmes de modernisation sont élaborés dès la fin de 1945 ou au début de 1946, mais leur mise en œuvre effective tarde. Il faut attendre préalablement que soient connues les préconisations du Plan Monnet[3] relatives à la Guadeloupe. D'autre part, les usines ont, pendant plus de deux ans, de grosses difficultés à se procurer les équipements nécessaires ; toute l'industrie sucrière européenne est, elle aussi, à reconstruire, et les fournisseurs sont débordés de commandes. C'est seulement en 1947 que démarrent les programmes de la SIAPAP et des Sucreries coloniales, et en 1948 celui de la SAUB.

Le contenu précis de ces programmes nous échappe très largement. Nous ne savons même pratiquement rien de celui de la SIAPAP, si ce n'est la construction d'une nouvelle centrale électrique à Darboussier. Aux Sucreries coloniales, les usines de la Guadeloupe reçoivent 67 % du total des investissements effectués entre 1947 et 1949 par la société dans les deux DOM où elle est implantée. Le programme porte sur la totalité de la filière technique : "renforcement des trains de moulins, amélioration de leur alimentation en cannes et augmentation de leur vitesse de travail, adoption de filtres-presses rotatifs sous vide, installation de cuites modernes et de turbines électriques", ainsi que d'économiseurs de vapeur ; en outre, l'organisation spatiale des équipements de Marquisat est entièrement repensée. Au total, il est prévu de porter la capacité de broyage de cette usine de 450 à 900 tonnes/jour et celle de Bonne-Mère de 900 à 1.200[4]. Ce programme est achevé en 1950. Il semble que ce soit également le cas pour les usines de la SIAPAP[5].

---

3. Premier plan de modernisation et d'équipement (1946-1952), élaboré au lendemain de la guerre par le gouvernement du général De Gaulle en vue de "piloter" la reconstruction en métropole (et accessoirement le développement outre-mer).
4. AG 24 février et 29 décembre 1949.
5. AG 16 juin 1950.

A Beauport, le programme de modernisation, mis en œuvre plus tardivement, s'étend jusqu'en 1953. Nous connaissons la répartition des investissements par grands secteurs (*tableau n° 9*). C'est évidemment la fabrication qui bénéficie de l'essentiel des dépenses ; l'usine est presque entièrement reconstruite, tant en sucrerie qu'en distillerie, et sa capacité portée de 1.100 à 1.800 tonnes/jour. Un effort particulier est fait pour le chemin de fer, dont le réseau (45 km) est le plus important de tous ceux des usines de la Guadeloupe ; les locomotives à vapeur sont remplacées par des locotracteurs diesel, les gares et les balances sont réaménagées, un grand programme de réfection des voies ferrées est lancé, dont la réalisation complète s'étendra sur toute la décennie 1950[6].

Tableau n° 9

REPARTITION DES INVESTISSEMENTS DE LA SAUB DE 1945 A 1953

Matériel sucrerie	20,6	
Matériel distillerie	5,1	
Mat. industriel, services généraux	19,8	
TOTAL FABRICATION		**45,5**
Voies ferrées et mat. ferroviaire	15,7	
Matériel naval	2,1	
Matériel automobile	2,2	
Matériel transport cannes	3,8	
TOTAL TRANSPORT		**23,8**
Matériel agricole	11,2	
Installations pour l'élevage	1,1	
TOTAL SECTEUR AGRICOLE		**12,3**
Immeubles et aménagements ind. et agricoles	4,6	
Outillage, ateliers d'entretien, garages	1,2	
Immeubles d'habitation	10,5	
Mobilier et agencements	0,8	
Divers	1,3	
TOTAL AUTRES		**18,4**

En %

Source : Arch. SAUB, "Rapport Filloux".

6. Arch. SAUB, "Rapport Filloux", et Ph. Mioche, "Histoire du chemin de fer sucrier de Beauport (1863-1990)", *BSHG*, n° 165, 2013, p. 3-73.

Cette première grande vague d'investissements renouvelle très largement les équipements des usines : "chaufferies modernes à haute pression, turbo-alternateurs, chaulage automatique par micromax, filtration des écumes sous vide, défécation automatique et continue, turbinage à grande vitesse, et toute une gamme d'appareils secondaires ont été installés en un temps très court ; des coupe-cannes ont été adjoints aux appareils de broyage, des batteries de moulins ont été renforcées ; des camions, des locotrateurs, des portiques ou des derricks ont été mis en service, améliorant sensiblement les conditions de transport et de déchargement des cannes"[7]. Globalement, la capacité de broyage de l'ensemble des usines passe de 7.800 t/jour à la veille (et à la fin) de la guerre à 9.480 en 1951, puis 10.270 l'année suivante, et le rendement industriel, après avoir longtemps hésité autour des 8 % jusqu'en 1952, bondit de deux points au cours des trois années suivantes[8]. Naturellement, toutes les usines ne participent pas également à ce mouvement. Les sociétés métropolitaines, qui peuvent accéder à des sources élargies de financement, accroissent leurs capacités de broyage de 47 % entre 1946 et 1952, tandis que les établissements appartenant à des propriétaires créoles, dont les capacités financières sont plus limitées, doivent se contenter d'un modeste 14 %. D'après André Cointet, qui visite la Guadeloupe et ses usines en 1952, seules les "sept ou huit plus importantes sucreries" ont pu moderniser intégralement leur fabrication. On voit, sur le tableau n° 6, *supra*, la puissante accélération de la production qu'entraîne cet effort généralisé d'investissement ; elle double pratiquement dans la première moitié de la décennie 1950, que ce soit pour la Guadeloupe dans son ensemble ou pour chacune des usines prises individuellement.

Enfin, cette première phase de modernisation de l'industrie sucrière guadeloupéenne s'accompagne d'un certain mouvement de concentration. Mais celui-ci demeure limité. Le Plan Monnet préconise bien de réunir la quinzaine d'usines en activité en 1946 en quelques grosses unités situées au centre de bassins canniers étendus, trois en Grande-Terre, deux en Basse-Terre et une à Marie-Galante. Mais cette proposition est immédiatement rejetée par les usiniers créoles, qui craignent d'être absorbés par les sociétés métropolitaines. En définitive, chacun se moder-

7. A. Cointet, *Culture de la canne*, p. 107.
8. Voir *infra*, tableau n° 10 et graphique n° 6.

nise "dans son coin", en fonction des moyens dont il dispose ; on voit, sur le tableau n° 10 (*infra*), que les plus petites des usines ont beaucoup de mal à accroître significativement leurs capacités. Seules deux opérations de concentration sont réalisées en application du Plan d'équipement : Pirogue, réunie en 1946 à Grande-Anse, qui appartient au même propriétaire, et la Retraite, rachetée la même année par la SIAPAP qui la ferme en 1950.

Après quelques années de ralentissement où l'on se contente de maintenir l'existant, vient, à partir du milieu de la décennie 1950, la *seconde vague* d'investissements des usines (*graphique n° 5*), orientée essentiellement vers la *réduction des coûts* pour faire face à la hausse des salaires. A la SIAPAP, un programme très ambitieux est décidé en 1954 et exécuté entre 1955 et 1961[9] ; aux Sucreries d'outre-mer, où les unités de la Guadeloupe avaient été modernisées prioritairement après la guerre, l'effort se porte maintenant plutôt en faveur de la Réunion[10] ; à Beauport, ce nouveau programme se répartit entre deux moments forts, 1955 et 1960-62[11]. En général, sauf pour cette dernière, nous sommes assez peu renseignés sur les investissements réalisés par les différentes usines, mais, globalement, ils s'orientent dans deux directions principales[12].

En premier lieu, l'accroissement de la capacité de production, qui, lorsqu'elle est insuffisante, fait perdre beaucoup de productivité, comme à Beauport, qui ne dispose, jusqu'en 1960, que de trois moulins d'une capacité théorique de 1.800 à 2.000 tonnes/jour et effective de 1.200, alors qu'on y passe plus de 1.500 tonnes à la fin de la décennie ; on force alors la cadence, ce qui diminue l'efficacité de l'extraction et fait perdre du jus. Il faut attendre 1962 pour l'installation d'un quatrième moulin. Un moulin supplémentaire est installé également à Darboussier et Bonne-Mère, et sans doute aussi dans plusieurs autres usines sur lesquelles nous ne sommes pas renseigné. Mais on peut aussi élever la capacité de production par d'autres moyens, par exemple en accroissant la puissance du système énergétique (générateur, centrale électrique),

---

9. AG 20 avril 1956 et 16 juin 1961.
10. AG 6 juin 1957 ; de 1955 à 1959, la Guadeloupe ne reçoit que 44 % du total investi par la société dans les deux départements.
11. Des informations détaillées dans ADG, 15 J 7 et 197.
12. "Rapport Léger", p. 37-41.

comme à la SIAPAP et à Beauport, ou par "l'installation d'un réchauffeur de jus plus puissant pour pouvoir porter le broyage à 1.500 tonnes par jour" (Gardel), ou encore, plus simple et beaucoup moins coûteux, par un réglage fin de la vitesse de rotation des moulins. Naturellement, après l'accroissement de la capacité de broyage, il faut aussi renforcer les stades d'aval du processus de fabrication pour absorber le supplément de jus provenant de l'extraction : à Darboussier "des centrifugeuses plus puissantes" ; à Beauport, l'évaporation, le malaxage, le refroidissement des masses cuites, le séchage. En fait, l'effort doit être continu pour élever la capacité sans cesse davantage chaque année.

L'autre priorité de cette seconde grande vague d'investissements réside dans l'accélération des opérations de transfert de la canne vers l'usine. La SIAPAP y consacre 8 % du montant de ses investissements entre 1953 et 1958, et probablement beaucoup plus au cours des années suivantes, quand elle rénove entièrement la voie ferrée reliant les habitations des Abymes à Darboussier. A Beauport, où le programme de modernisation du réseau ferroviaire décidé en 1951 est poursuivi jusqu'à son terme, dix ans plus tard, la traction par animaux vers les stations de transfert est supprimée et remplacée par le camion ; on installe également deux ponts-bascules modernes à l'entrée de l'usine pour la pesée des cannes apportées directement à celle-ci par les planteurs, afin de diminuer la longueur des files d'attente qui durent souvent pendant des heures. Sur les domaines fonciers peu étendus et concentrés autour de l'usine, comme à Sainte-Marthe, le transport des cannes par chemin de fer est abandonné au profit du camion.

• Les résultats

Les effets de ce grand effort d'investissement se lisent sur le tableau n° 10 et le graphique n° 6, *infra*. En quinze ans, la capacité totale de broyage disponible en Guadeloupe fait plus que doubler[13] ; elle triple même à Marquisat et Bonne-Mère, et quintuplerait (?) à Grosse-Montagne.

13. En admettant l'hypothèse selon laquelle la capacité de 1946 est la même que celle de 1939 ; il n'y a eu, en effet, aucun investissement dans les usines entre ces deux dates.

Tableau n° 10
EVOLUTION DE LA CAPACITE DE BROYAGE DES USINES PENDANT LES VINGT GLORIEUSES

	1939 (1)	1951 (2)	1959 (3)	1962 (3)	1965 (4)
Darboussier	1.300	1.700	2.600	3.200	3.500
Beauport	1.100	1.200	2.000	2.200	3.000
Gardel	700	850	1.500	1.800	2.000
Blanchet	650	800	1.200	1.600	1.600
Bonne-Mère	600	1.200	1.500	2.000	2.400
Comté	500	750	720	930	1.000
Marquisat	400	700	1.200	1.300	1.300
Grosse-Montagne	350	500	1.600	1.800	2.000
Sainte-Marthe	350	450	600	950	1.400
Courcelles	350	420	400	800	800
Grande-Anse	350	450	650	800	1.200
Roujol	250	300	450	450	
GUADELOUPE	7.800	9.480	14.420	17.830	20.200

En tonnes de canne par jour. Capacité théorique sauf 1939 (théorique ou effective ?).

Sources et observations

(1) G. Lasserre, *La Guadeloupe*, t. II, p. 533, n. 55 ; le total inclut Jaula, La Retraite et Robert.

(2) "Rapport Bicheron" ; le total Guadeloupe inclut Robert.

(3) AN, 1984 0124/55, dossier "Campagnes 1962-67", note sur les perspectives d'évolution de l'économie sucrière de la Guadeloupe, L. Marchal, expert économique d'Etat, septembre-octobre 1962 (citée désormais "Rapport Marchal").

(4) L. Claverie (SIAPAP), cité par P. Milon, *L'Etat et l'industrie sucrière*, p. 57.

L'impact de cet accroissement de capacité sur la production est d'autant plus fort qu'il s'accompagne d'une élévation concomitante de la productivité, tant du capital physique que du travail. S'agissant tout d'abord des équipements, il n'est pas particulièrement surprenant que, puisque la capacité augmente, le volume de cannes passées quotidiennement aux moulins augmente également, mais davantage qu'elle, ce qui est la preuve d'une efficience plus grande du matériel d'extraction. On en extrait d'avantage de sucre, comme le montre l'évolution du rendement industriel. Après une lente augmentation entre la fin de la guerre et 1954, il demeure presque constamment supérieur à 9 % jus-

Graphique n° 6

EVOLUTION DE LA PRODUCTIVITE PHYSIQUE DES USINES (1946-1965)

Rendement industriel, toutes usines

Source : INSEE, CTCS

Volume de cannes passées aux moulins par journée de marche effective

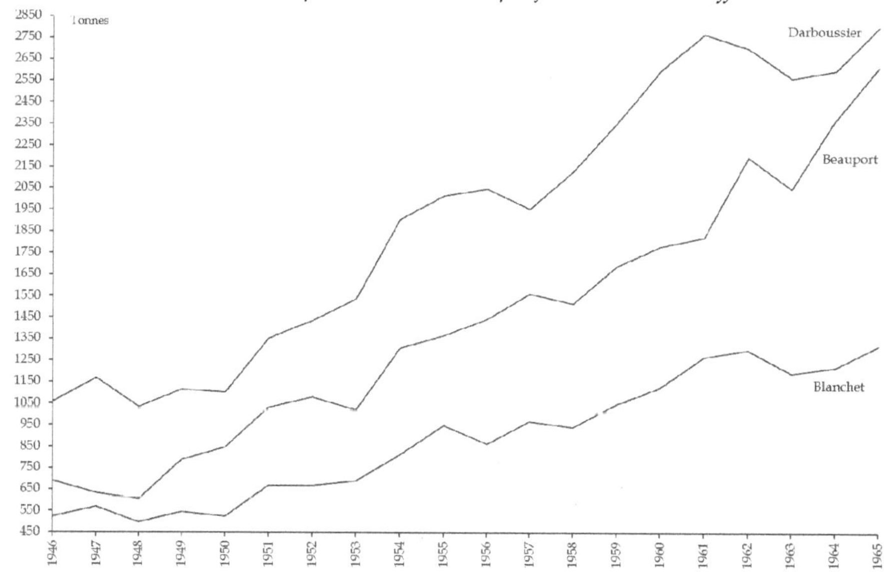

Sources : SIAPAP, rapports AG ; SAUB, ADG, 15J 197

qu'en 1965 ; c'est même au cours de cette période qu'est établi un double record historique dans ce domaine, en 1955, avec une moyenne de 10,16 % pour l'ensemble des usines et 11,04 % pour l'une d'elles prise individuellement (Gardel). Par contre, et bien qu'il s'agisse là d'un objectif proclamé hautement comme prioritaire, les usines échouent à diminuer structurellement la durée des campagnes ; l'évolution est très irrégulière, les années d'allongement et de raccourcissement du nombre de jours de la roulaison se succédant rapidement, mais on ne distingue aucune tendance à la baisse à moyen ou long terme. Que ce soit à Beauport, Blanchet ou Darboussier, la campagne s'étend en moyenne autour des 150 jours et le nombre de jours de marche effective autour des 120 sur l'ensemble de la période ; c'est, pour l'essentiel, une conséquence directe de la lenteur et des difficultés de la modernisation du secteur de la canne (*infra*).

L'évolution de la productivité du travail industriel apparaît dans le tableau n° 11, *infra*. Ce que l'on peut en déduire est extrêmement limité, car nous ne savons ni comment exactement ont été comptabilisés les ouvriers dans la première partie du tableau, ni quelle est la composition de l'indice établi par la SIAPAP. En outre, nous manquons de données d'autre provenance pour effectuer des recoupements, et nous ne savons pas quelle est l'évolution pour chaque usine prise individuellement, sauf deux[14]. Mais la réalité d'une forte augmentation de la productivité sur l'ensemble de la période n'est pas douteuse. Les usines emploient de moins en moins d'ouvriers de fabrication, mais chacun d'eux produit de plus en plus de sucre. En tout cas, pendant les Vingt glorieuses, la productivité des ouvriers guadeloupéens supporte aisément la comparaison avec celle de leurs homologues métropolitains des sucreries de betterave[15].

14. *Beauport* : 134 qx par ouvrier en 1949, 399 en 1955, 1.006 en 1960, 1.459 en 1965. *Gardel* : 173 en 1949, 386 en 1955, 1.172 en 1960. L'accélération de la seconde moitié des années 1950 et du début de la décennie 1960 (pour Beauport) semble correspondre assez bien à ce que nous savons de l'histoire de ces deux usines. Données incomplètes et/ou inutilisables pour les autres usines.

15. Production par salarié des sucreries de betterave, calculée sur effectifs totaux de campagne, en 1954-55 (pas de données antérieures) = 327 qx ; en 1961-62 = 443 qx.

Tableau n° 11 – *EVOLUTION DE LA PRODUCTIVITE DU TRAVAIL DANS LES USINES (1949-1965)*

	1949	1952	1955	1960	1965 (c)
GUADELOUPE					
Nombre d'ouvriers de fabrication (a)	4.057		3.069	2.800	2.450
Production de sucre, qx (b)	416.579		1.052.402	1.520.402	1.848.000
Production par ouvrier	102		350	543	754
USINES DE LA SIAPAP					
Indice de productivité-fabrication					
Darboussier		100	198	277	320
Blanchet		100	190	223	304

Sources Guadeloupe

Ces chiffres proviennent en dernière instance du Syndicat des fabricants de sucre. Ceux de 1949 et 1955 se trouvent dans ADG, s. c. 288 et 2080, dossiers des campagnes. Pour 1960, ils sont complétés par l'estimation soigneusement argumentée de G. Lasserre, *La Guadeloupe*, t. II, p. 1006-1007 (4.000 ouvriers industriels employés à la production du sucre et du rhum, moins1.200 dans les distilleries). Celui de 1965 est cité dans le rapport sur le Ve Plan.

Notes

(a) Nombre moyen de salariés par campagne. Grosse-Montagne et Robert ne sont pas compris dans les chiffres de 1949, Marquisat et Robert dans ceux de 1955.

(b) Déduction faite de celle des usines manquantes en 1949 et 1955.

(c) Au-delà de 1965, la statistique du nombre de salariés, établie à partir des déclarations à la Sécurité sociale, n'est plus comparable à celle reproduite ici.

Source usines SIAPAP

AN, 1984 0124/56, mission IRAT-SATEC, "Etude des problèmes sucriers dans le département de la Guadeloupe" (D. Bassereau, J. Moity), 1968 (citée désormais "Rapport IRAT"), annexes, courbes communiquées par la direction des exploitations. *Nota* : nous ignorons comment cet indice a été élaboré.

• **Le financement**

Sur l'essentiel de la période des Vingt glorieuses, les investissements des sociétés sucrières de la Guadeloupe sont très majoritairement financés, directement ou indirectement, par l'Etat. Mais il faut distinguer trois grands moments au cours desquels le rôle de celui-ci va croissant, les tournants se situant en 1948 et 1952.

Jusqu'en 1948, les fonds publics ne sont pratiquement pas sollicités ; les usines autofinancent la quasi-totalité de leurs investissements. Elles bénéficient alors "de fonds de roulement provenant de la réalisation et de la réévaluation des produits stockés pendant le blocus et qui, par la suite, ont réalisé des bénéfices substantiels grâce à l'inflation et à la montée des cours. Ces stocks, dont le prix de revient était faible par suite de la stabilisation des salaires pendant la période de guerre, ont été réalisés à des prix très supérieurs dès qu'ils ont pu être exportés, à partir de 1948, procurant aux entreprises des bénéfices certainement anormaux"[16]. Dans les trois sociétés métropolitaines, la partie non distribuée de ces bénéfices est affectée à des augmentations de capital par incorporation de réserves : quatre à la SIAPAP de 1946 à 1949, autant à la SAUB entre 1947 et 1951, et quatre encore aux Sucreries coloniales entre 1945 et 1952, aboutissant à multiplier leur fonds social en Francs courants par 7, 11 et 5 respectivement ; mais en cette époque d'inflation galopante, investir le plus possible est aussi un moyen pour les entreprises de mettre leurs réserves à l'abri de la dépréciation monétaire (les prix sont multipliés par six entre 1945 et 1952).

L'effet d'aubaine que représentaient ces stocks constitués involontairement pendant la guerre prend fin lorsque cesse la pénurie de sucre en métropole. La capacité d'autofinancement des usines ne disparaît pas pour autant, mais elle est désormais insuffisante pour leur fournir toutes les ressources nécessaires à la réalisation de leurs programmes d'investissements. A partir de 1949, l'Etat apporte directement l'essentiel des financements nécessaires sous forme de subventions du Fonds de modernisation et d'équipement, créé l'année précédente pour la mise en œuvre du plan du même nom ("Plan Monnet", 1946-1952). En 1949, ce fonds finance ainsi 62,5 % des investissements des entreprises sucrières

16. *Rapport IIe Plan*, p. 217. Voir également tableau n° 7, *supra*.

de la Guadeloupe, contre 37,5 % par l'autofinancement ; de 1950 à 1952, 81,7 contre 18,3 % respectivement[17]. A ces financements directs viennent s'ajouter, au cours des années suivantes, un certain nombre de subventions sous forme de primes et allégements de charges fiscales : en 1950, instauration d'une prime "de soutien", qui constitue une résurgence de l'ancienne détaxe de distance destinée à compenser le handicap de l'éloignement par rapport au marché métropolitain ; puis, de 1954 à 1957, une prime spécifique destinée à faciliter l'écoulement des sucres ultramarins excédentaires (*chap. 3*) ; enfin, remboursement de la taxe sur le chiffre d'affaires frappant les frais d'approche du sucre aux raffineries, mesure étendue à la TVA au moment de l'instauration de celle-ci en 1958. Le montant de l'ensemble de ces financements publics sur l'ensemble de la période n'est pas connu, mais entre les campagnes 1950-51 et 1956-57 seulement, "le total de l'aide de l'Etat consentie directement aux producteurs des DOM ... ressort à plus de 11 millions" d'AF, soit 110 millions de Francs d'après la réforme de 1959 ; cela représente l'équivalent de 8 % de leur chiffre d'affaires[18].

A partir de 1952, l'Etat accentue encore son engagement financier avec le décret du 13 février. Ce texte exonère de l'impôt sur les sociétés les bénéfices que les entreprises installées dans les DOM réinvestissent dans des activités "dont la création ou l'extension seront considérées comme essentielles pour le développement" de ces départements, ainsi que dans des maisons d'habitation. "L'industrie sucrière ... a largement usé de ces dispositions, surtout à la Réunion" ; de 1953 à 1957, "une dizaine de milliards (100 MF) d'exonérations fiscales ont été accordées" à ce titre[19]. Nous ne disposons malheureusement pas des résultats d'ensemble de l'application de ce texte pour la Guadeloupe, mais on peut les apprécier pour les trois sociétés métropolitaines implantées dans l'île à travers le tableau n° 12. Elles ont affecté l'essentiel, voire même la quasitotalité, des bénéfices réalisés à la fin des années 1950 et au début de la décennie 1960 à une réserve spéciale, dite "du décret de 1952", donc exonérée de l'impôt, sur laquelle sont prélevées ensuite les sommes nécessaires aux opérations engagées ultérieurement ; cette affectation a financé la majeure partie de leurs investissements réalisés alors.

---

17. ADG, s. c. 2074, dossier "Investissements des usines".
18. Sur tout ce qui précède, *Rapport IIIe Plan*, p. 44-45.
19. *Ibid*, id°.

Tableau n° 12

L'APPLICATION DU DECRET DU 13 FEVRIER 1952

	Périodes d'application	% du bénéfice affecté	% des investissements financés
SIAPAP	1954-1965 (2)	55,1	71,1
SOM (1)	1955-1964 (2)	91,6	57,9
SAUB	1962-1965 (3)	94,9	55,7

Sources : rapports à l'AG

(1) Résultat de l'application à toutes les usines de la société (Guadeloupe et Réunion)

(2) Toutes années d'application du texte par la société.

(3) Années antérieures n. d.

Les dividendes versés à l'issue des exercices d'application de ce texte (*tableau n° 8*) sont prélevés sur les réserves provisionnées avant détermination du bénéfice comptable net.

Il semble d'ailleurs que les modalités de l'application de ce texte et l'ampleur des exonérations en résultant aient interpellé les pouvoirs publics. Un rapport de l'Inspection des finances estime que l'application du décret de 1952 a entraîné "le suréquipement des usines de la Guadeloupe", qu'il faut ensuite aider pour écouler leurs sucres excédentaires ; il dénonce d'autre part le fait, pour les sociétés sucrières, de présenter comme augmentations des équipements, donc exonérées de l'impôt, des opérations de simple renouvellement, n'entrant en principe pas dans le champ d'application du texte : "dans ce cas, conclut-il, l'exonération a représenté un pur et simple super bénéfice consenti à l'usinier"[20].

L'aide des pouvoirs publics à l'investissement passe également par l'octroi de prêts à moyen et long termes, accordés à des taux inférieurs à ceux du marché par la Caisse centrale[21]. Les Sucreries coloniales y ont recours dès 1951, la SAUB dès 1952 et la SIAPAP à partir de 1960. Sur les grandes masses, cette source ne joue pas un rôle très important dans le financement des investissements des trois sociétés : 8,7 % à la SIAPAP, 10,3 % aux SOM et 13,2 % à la SAUB, pour les périodes indiquées tableau n° 12[22]. Mais à certains moments, ce rôle a pu être décisif, en apportant quand il fallait et pour les montants qu'il fallait le supplé-

20. "Rapport Léger", p. 39.
21. Sur laquelle, voir chap. 3.
22. D'après indications du poste DLMT des bilans.

ment de financement indispensable pour lancer un programme ; c'est, semble-t-il, le cas à Beauport entre 1953 et 1955, quand deux prêts de la Caisse centrale fournissent entre 25 et 30 % des sommes nécessaires[23], ou à la SIAPAP au début des années 1960 pour mener à bonne fin les travaux en cours[24].

Enfin, l'autofinancement *stricto sensu* (hors application du décret de 1952) ne disparaît évidemment pas, mais il ne représente plus qu'une source seconde : 15,7 % du total des investissements réalisés par la SIAPAP, 31,8 % de ceux des SOM, et 31,1 % de ceux de la SAUB, pour les périodes indiquées tableau n° 12. Quand on compare la relative faiblesse de ces proportions avec le volume considérable des financements publics accordés sous toutes les formes aux sucreries antillaises et réunionnaises, on ne peut s'empêcher de penser que ce ne sont pas sans quelques bonnes raisons que les Partis communistes des DOM pouvaient dénoncer les "cadeaux" faits par l'Etat aux "capitalistes usiniers"[25].

2. RESTRUCTURATION ET MODERNISATION DE L'EXPLOITATION AGRICOLE

• La restructuration des domaines fonciers

On se rappelle (*voir tome III*) que, au cours de la grande crise sucrière de la fin du XIXe siècle, les usines se sont constitué, par rachat ou location d'habitations voisines ruinées, d'énormes domaines fonciers dont la superficie totale approche les 40.000 ha en 1910. Le mouvement se ralentit ensuite considérablement, la prospérité rhumière de la Première Guerre mondiale et des deux décennies suivantes ayant permis aux habitations survivantes, devenues distilleries, de conserver leur indépendance ; au début des années 1950, au moment où ils atteignent leurs dimensions maximales, les domaines des usines s'étendent sur 46.000 ha environ. Ils forment généralement un bloc compact autour de l'éta-

23. Quelques données, malheureusement incomplètes, dans ADG, 15 J 7.
24. AG 15 juin 1962.
25. M. Lafon, "Le sucre des Antilles et de la Réunion. Une étude de profit colonial", *Economie et Politique*, n° 63, octobre 1969, p. 46-64.

blissement industriel auquel ils sont rattachés, mais il y a souvent des enclaves constituées d'habitations ayant échappé au mouvement de concentration foncière, comme Beutier et Pichon à l'intérieur du domaine de Beauport (*carte n° 2, infra*). Inversement, certaines usines possèdent des terres très éloignées et qui ne leur sont d'aucune utilité, en conséquence de transmissions successorales compliquées ou d'expropriations forcées à la fin du XIXe siècle, comme les Sucreries coloniales, qui ont hérité de leur ancêtre, le Crédit foncier colonial, de six habitations dans le Nord de la Grande-Terre, dont quatre louées à Beauport depuis 1892.

A l'échelle de la Guadeloupe, les domaines des usines font figure de latifundia, sur le modèle latino-américain. C'est tout d'abord en raison des vastes espaces sur lesquels ils s'étendent : Beauport occupe 71 % de la superficie totale des trois communes du Nord de la Grande-Terre en 1952 et encore 47 % en 1960, Marquisat, Gardel et Sainte-Marthe entre 35 et 39 % de celles de Capesterre, Moule et Saint-François respectivement, Darboussier 38 % de celle de Petit-Bourg + Baie-Mahault + Lamentin, et l'ensemble des usines de la Grande-Terre 41 % de celle-ci. D'autre part et surtout, ces domaines sont très insuffisamment mis en valeur. En 1960, la proportion consacrée à la canne se situe entre le quart et le tiers pour les plus étendus d'entre eux ; elle ne dépasse la moitié que dans deux cas (Marquisat et Grosse-Montagne), mais inversement atteint à peine 11 % à Grande-Anse, où l'usine limite volontairement ses propres cultures pour se tourner essentiellement vers le colonage[26].

Jusqu'au début des années 1950, les usines n'ont pas de politique foncière. Leurs domaines se sont constitués un peu par hasard, le plus souvent pour sécuriser un approvisionnement en canne en reprenant des habitations en perdition ou pour éviter qu'elles se tournent vers un concurrent ; il n'y a pas véritablement eu de réflexion sur le devenir de tous ces hectares. Or, cette situation engendre des frais, tenant soit aux dimensions excessives des domaines (surveillance, entretien des chemins, lenteur dans le ramassage et le transport des cannes, doubles emplois ...), soit à des situations juridiques compliquées, notamment pour les habitations louées à des indivisions entre héritiers plus ou moins

26. Sources indiquées tableau n° 13, *infra*.

éloignés, dont on ne sait pas toujours combien ils sont, ni quelle est la quotité de leurs droits, ni parfois même où ils se trouvent ; l'exemple-type est celui de l'habitation Beauport, dont a été détachée en 1864 la parcelle sur laquelle a été construite l'usine du même nom, qui n'appartient pas à la SAUB mais toujours aux douze héritiers d'Ernest Souques (les "consorts Souques"), dont plus aucun n'habite en Guadeloupe[27]. D'autre part, la sous-exploitation de ces domaines aboutit à un énorme gaspillage de terres qui, confiées à d'autres exploitants, pourraient être mises plus efficacement en valeur, en même temps qu'à un énorme gaspillage de capital immobilisé et inculte, qui ne rapporte rien à personne et surtout pas aux propriétaires[28]. En même temps, les conflits se multiplient sur les marges, entre les usines et des petits propriétaires et/ou occupants au sujet de terres qu'ils cultivent régulièrement et pour lesquelles ils font état de titres et/ou de droits qui leur paraissent incontestables, comme sur les terres de Monroc, à la limite de Port-Louis et de l'Anse-Bertrand, pour lesquelles s'affrontent une cinquantaine de micro-propriétaires installés là depuis les années 1860 et la SAUB qui veut les en chasser[29]. Il apparaît donc que les usines doivent désormais définir une nouvelle politique foncière.

Cette politique passe tout d'abord par la réduction des dimensions des domaines. Ceux-ci sont "dégraissés" sur leurs marges d'habitations éloignées ne fournissant que peu ou pas de canne. C'est à Beauport que ces opérations sont les plus étendues[30]. En 1957, la SAUB échange quatre habitations (615 ha en tout) situées à Moule, à une quinzaine de km de l'usine, et très peu cultivées, contre trois autres (485 ha) enclavées dans ses propriétés de Port-louis et louées depuis les années 1860. Puis, elle met fin au bail de neuf habitations, dont les six qu'elle louait depuis 1892 au Crédit foncier colonial, ancêtre des Sucreries d'Outre-mer. Trois ans plus tard, elle restitue à l'administration des Domaines 67 ha de terres ennoyées situées en bordure du Grand Cul-de-Sac, ainsi qu'un

---

27. R. Gama, *Grand domaine sucrier*, vol. I, p. 192-193.
28. ANMT, 1998 030/141, dossier "Guadeloupe 1", rapport Amaury de l'Epine, janvier 1957, et dossier "Ventes de terres", direction générale des exploitations à siège social, 2 avril 1957 : les habitations que possèdent les SOM dans le Nord de la Grande-Terre sont louées à Beauport à un prix si bas qu'elles rapportent tout juste de quoi payer les impôts. On va les vendre, les proposer à la SAUB et, si elle n'en veut pas, on les lotira.
29. R. Gama, *Grand domaine sucrier*, vol. II-1, p 418-450.
30. Tout ce qui suit s'inspire ou provient directement des développements très complets de R. Gama, *ibid*, t. I, p. 203-233.

Carte n° 2
LE DOMAINE FONCIER DE BEAUPORT EN 1960

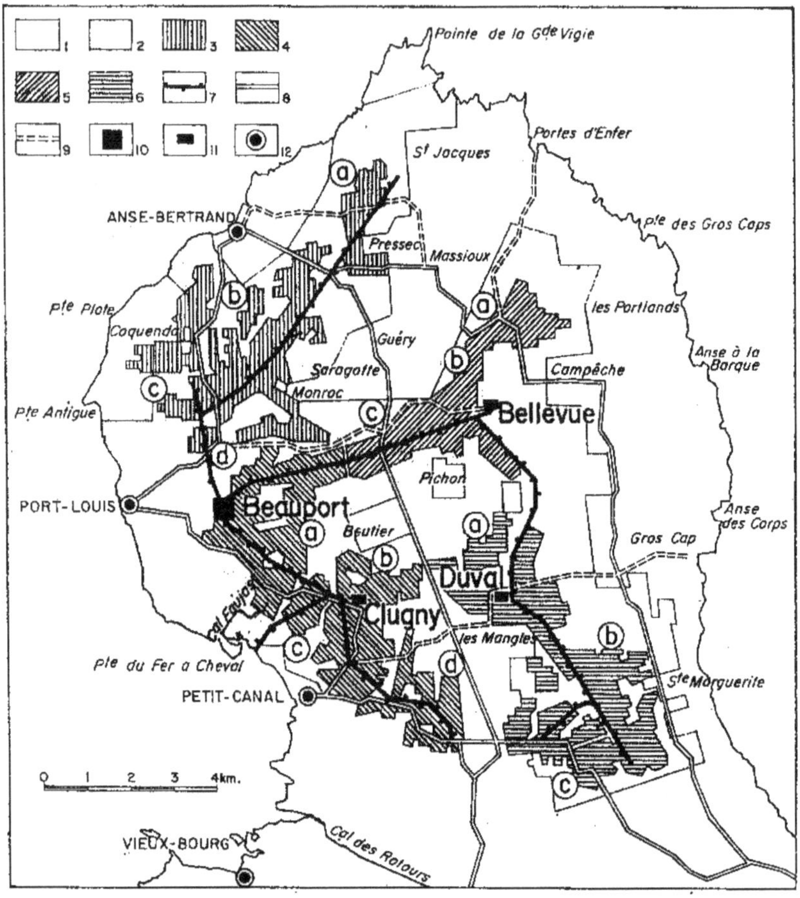

1. Terres étrangères au domaine. — 2. Domaine de Beauport (propriétés de la S.A.U.B. et propriétés louées). — 3. Centre agricole de Bétin. — 4. Centre agricole de Clugny. — 5. Centre agricole de Bellevue. — 6. Centre agricole de Duval. — 7. Voie ferrée. — 8. Routes principales. — 9. Routes secondaires. — 10. Usine actuelle. — 11. Anciennes centrales. — 12. Chef-lieu de commune. Les grisés foncés indiquent les « habitations » cultivées en faire-valoir direct par la Société. Le grisé clair correspond aux terres en colonat partiaire, aux hattes et savanes, aux halliers et marais.

Liste des habitations constituant les quatre « centres agricoles » de Beauport:
- Centre de Bétin (3): a) La Berthaudière. b) Lemercier, Sans-Fenêtre. c) Bétin. d) Espérance et Montalègre.
- Centre de Clugny (4). a) Brument et Sylvain. b) Clugny et Charropin. c) Sainte-Amélie.
- Centre de Bellevue (5). a) Marie-Thérèse. b) Malgré Tout et Beauplaisir. c) Plaisance et Philipsbourg.
- Centre de Duval (6). a) Duvalière, Duval et Gruet. b) Grand' Maison, Lubeth et Chabert. c) Girard et Gaalon.

Source : G. Lasserre

ensemble de 1.529 ha de terrains incultivables dont elle découvre soudain qu'ils ne lui appartenaient pas. Après la SAUB, ce sont les SOM qui s'engagent le plus loin dans la voie du délestage foncier en vue de rationaliser géographiquement leur domaine. Hérité du Crédit foncier colonial[31], il est incohérent, écartelé entre les deux usines de la Basse-Terre et les six habitations (1.243 ha) du Nord de la Grande-Terre, louées jusqu'alors à Beauport ; elles sont vendues immédiatement après que la SAUB a mis fin au bail[32]. Les usines procèdent également à de nombreuses cessions aux communes, à titre gracieux ou pour un montant symbolique, de terrains plus ou moins étendus en vue de la réalisation d'équipements publics (stades, écoles ...) ou de programmes d'urbanisme. La plus importante de ces opérations d'utilité publique est la vente par la SIAPAP à l'Etat, mais pour un prix pas du tout symbolique, de la majeure partie de l'habitation Malmaison, aux Abymes, pour y établir l'aéroport du Raizet. Ajoutons enfin que la fin des années 1950 voit la réalisation des premiers lotissements de terres d'usines, notamment à Sainte-Marthe ; ce n'est que le début d'un mouvement plus large, qui va considérablement s'accélérer avec la réforme foncière de 1961[33].

Il est assez difficile de savoir de combien diminue la superficie des domaines fonciers de l'ensemble des usines. Même pour Beauport, à propos de laquelle nous disposons pourtant des informations les plus complètes, les chiffres sont incertains[34]. En gros, le domaine de la SAUB diminue d'environ 3.000 ha dans la seconde moitié des années 1950, celui des SOM de 1.500 ha, celui de Sainte-Marthe de 200 ha, celui de Darboussier de 400 à 500 ha. Pour les autres, les ventes et cessions de terres ne portent que sur des superficies limitées ; c'est seulement à partir de 1960 qu'elles vont devenir massives et systématiques. Au total, on peut estimer que l'ensemble des domaines des usines serait passé de 46.000 ha au début de la décennie 1950 à un petit 40.000 une dizaine d'années plus tard (*tableau n° 13*).

31. Quand celui-ci, à la fin du XIXe siècle, faisait exproprier massivement les habitations de ses débiteurs insolvables. Il avait dû conserver et continuer à exploiter lui-même, ou mettre en location, celles qu'il n'avait pu trouver à revendre ; voir notre t. III.
32. ANMT, 1998 030/141, dossier "Vente des terres".
33. Voir tome V.
34. D'après G. Lasserre, *La Guadeloupe*, t. I, p. 408, le domaine de la SAUB serait passé de 12.561 ha en 1952 à 8.371 en 1960 ; mais R. Gama, *Grand domaine sucrier*, vol. I, p. 220, citant un document récapitulatif des archives de l'usine, donne 12.235 ha au 1-1-1956, 9.901 au 1-1-1960 et 8.299 au 1-1-1961.

Tableau n° 13

ORIGINES DES CANNES MANIPULEES PAR LES USINES (1949-1965)

		1949	1953	1959	1965	Sup. des domaines fonciers à la fin des années 1950 (ha)
DARBOUSSIER	Hab.	76,2	69,2	64,5	57,8	9.027
	Colons	8,7	10,4	12,3	12,5	
	Pl.	15,1	20,4	23,2	29,7	
BLANCHET	H	45,6	52,3	47,5	38,8	3.121
	C	22,9	17,5	17,8	17,6	
	P	31,5	30,2	34,7	43,6	
BONNE-MERE	H		85,6	62,2	57,2	3.814 (a)
	C		3,7	1,7	2,4	
	P		10,7	36,1	40,4	
MARQUISAT	H		80,1	70,7	52,9	2.309 (a)
	C		0,2	0	4,1	
	P		19,7	29,3	43,1	
BEAUPORT	H	67,8	62,8	53,2	44,8	8.371
	C	32,2 (C + P)	20,6	18,1	28,6	
	P		16,6	28,7	26,6	
GARDEL	H		58,5	44,3	37,9	3.181
	C		14,9	24,7	20,9	
	P		26,6	31,0	41,2	
GROSSE-MGNE	H		45,7	37,2	18,5	1.500
	C		10,7	19,8	14,9	
	P		43,6	43,0	66,6	
COURCELLES	H		66,5	48,3	45,4	1.700
	C		13,0	22,7	22,9	
	P		20,5	29,0	31,7	
GDE-ANSE	H		27,3	26,2	7,9	1.800
	C		59,7	42,1	44,5	
	P		13,0	31,7	47,6	
COMTE	H		77,0	60,3	54,3	1.600 (b)
	C		4,4	19,1	26,0	
	P		18,6	20,6	19,7	
STE-MARTHE	H		71,7	55,6	24,3	2.200 (c)
	C		10,2	11,0	9,3	
	P		18,1	33,4	66,4	
ROUJOL	H		61,6	48,4	fermée	800
	C		28,3	4,3		
	P		10,1	47,4		
GUADELOUPE	H	70,0	66,7	53,8	42,5	
	C	13,5	11,8	15,7	17,6	
	P	16,5	21,5	30,5	37,7	

En %.

Sources cannes
1949 : Rapports à l'AG SIAPAP pour Darboussier et Blanchet ; ADG, 15J 197 pour Beauport
Pour Guadeloupe, extrapolation à partir des chiffres de 1948
Autres années : INSEE.

Sources domaines fonciers
G. Lasserre, *La Guadeloupe*, t. I, p. 407-408, et t. II, p. 580.
Chiffres de 1960, sauf :
(a) ANMT, 1998 030/141, dossier "Guadeloupe 1", rapport du PDG des SOM après un voyage à la Guadeloupe, janvier 1957.
(b) Le chiffre donné par G. Lasserre (3.000 ha) ne correspond à rien de ce que nous connaissons par ailleurs de l'histoire et du domaine foncier de cette usine. Nous reprenons ici la superficie portée pour 1952 dans le tableau publié par A. Cointet, *Culture de la canne*, p. 101, bien qu'il contienne également plusieurs erreurs.
(c) G. Lassserre donne 2.400 ha pour 1957, en observant que, en 1958, l'usine a procédé au lotissement de "quelques centaines d'hectares" (en fait 200) près du bourg de Saint-François ; *La Guadeloupe*, t. II, p. 484.

• La réorganisation du faire-valoir direct

Une fois redéfinies les dimensions de leurs domaines, les usines entreprennent de restructurer et moderniser leur exploitation. Voici comment, en 1949, le nouveau directeur général de la SAUB décrit le programme qu'il a l'intention de mettre en œuvre sur le domaine de Beauport : "Il faut considérer la culture de la canne comme une culture industrielle à effectuer mécaniquement, et pour cela choisir toutes les étendues de terrain où cette culture mécanique peut être réalisée. Le reste des terres pourrait être *distribué entièrement* aux colons avec délimitations précises de chaque surface, à l'exception cependant des bois et forêts"[35]. Ce programme est peu ou prou celui mis en œuvre par toutes les usines au cours des années 1950 et au début de la décennie 1960. Il s'articule autour de quatre axes.

1. *Concentration et extension du faire-valoir direct.* Les terres exploitées directement par les usines avec de la main-d'œuvre salariée sont, d'une part les plus proches du centre industriel ou situées le long des voies ferrées, et d'autre part les plus favorables à la canne et facilement mécanisables ; tout le reste est mis en colonage (*carte n°* 2). En même temps, les cultures sont étendues et la production accrue. Entre 1946-50 et 1960-65, les superficies récoltées sur leurs domaines passent d'une moyenne annuelle de 1.945 à 2.973 ha pour les deux usines de la SIAPAP (détail

35. Cité par R. Gama, *ibid*, vol. I, p. 188-189 ; les mots soulignés le sont dans le document.

n. d.) et de 1.150 à 1.872 à Beauport, tandis que leurs apports de canne s'élèvent de 171.000 à 261.000 tonnes et de 52.000 à 134.000 respectivement.

2. Mais en même temps on procède à une *limitation volontaire de la mise en valeur* du FVD. Celui-ci n'est pas, et de très loin, aussi largement cultivé qu'il serait possible. Les usines limitent leur effort à la constitution d'un socle de production suffisant pour leur assurer un minimum de sécurité de leurs approvisionnements, tout en encourageant la formation de petites exploitations, par le morcellement ou la mise en colonage d'habitations éloignées et/ou peu productives, afin qu'elles leur fournissent le complément indispensable. Cette politique apparaît clairement sur le tableau n° 13 et le graphique n° 7 : la part des cannes d'habitations dans le total de celles passées aux moulins ne cesse de se réduire, aussi bien pour l'ensemble des usines que pour chacune d'elles prise séparément, tandis que les apports des colons, et surtout des planteurs, augmentent continûment. Cette externalisation des approvisionnements est destinée à renvoyer sur les petits fournisseurs la plus grande partie possible des problèmes et des difficultés croissantes liées à la culture de la canne ; en 1960, cette politique débute à peine, mais nous verrons qu'elle ne cesse de s'accentuer par la suite, jusqu'à ce que les usines se soient entièrement désengagées de la production de leur matière première, un quart de siècle plus tard (*Voir tome V*).

3. *Réorganisation de l'administration des domaines*, avec une diminution du nombre d'échelons intermédiaires de commandement et de contrôle des travaux agricoles. Ainsi à Beauport, les 36 habitations exploitées séparément au lendemain de la guerre sont regroupées en quatre "centres agricoles" (Bétin, Clugny, Bellevue, Duval) formant les unités de base de la mise en valeur du domaine (*carte n°* 2). Outre qu'il permet de rationaliser les opérations de culture et d'optimiser la mécanisation, un tel regroupement aboutit également à diminuer les frais de main-d'œuvre en supprimant un certain nombre de géreurs, cadres moyens responsables de l'exploitation des habitations, et en les remplaçant par du personnel subalterne d'exécution (économes et commandeurs). Mais tel est le poids de l'histoire que l'on continue partout à employer le terme d' "habitation" ("cannes d'habitations") alors qu'il n'a plus aucune réalité opérationnelle ; mais il est vrai qu'il conserve à côté une très forte réalité sociologique et psychologique négative ("*moune bitasyon*").

Graphique n° 7 – *ORIGINES DES CANNES MANIPULEES PAR LES USINES*

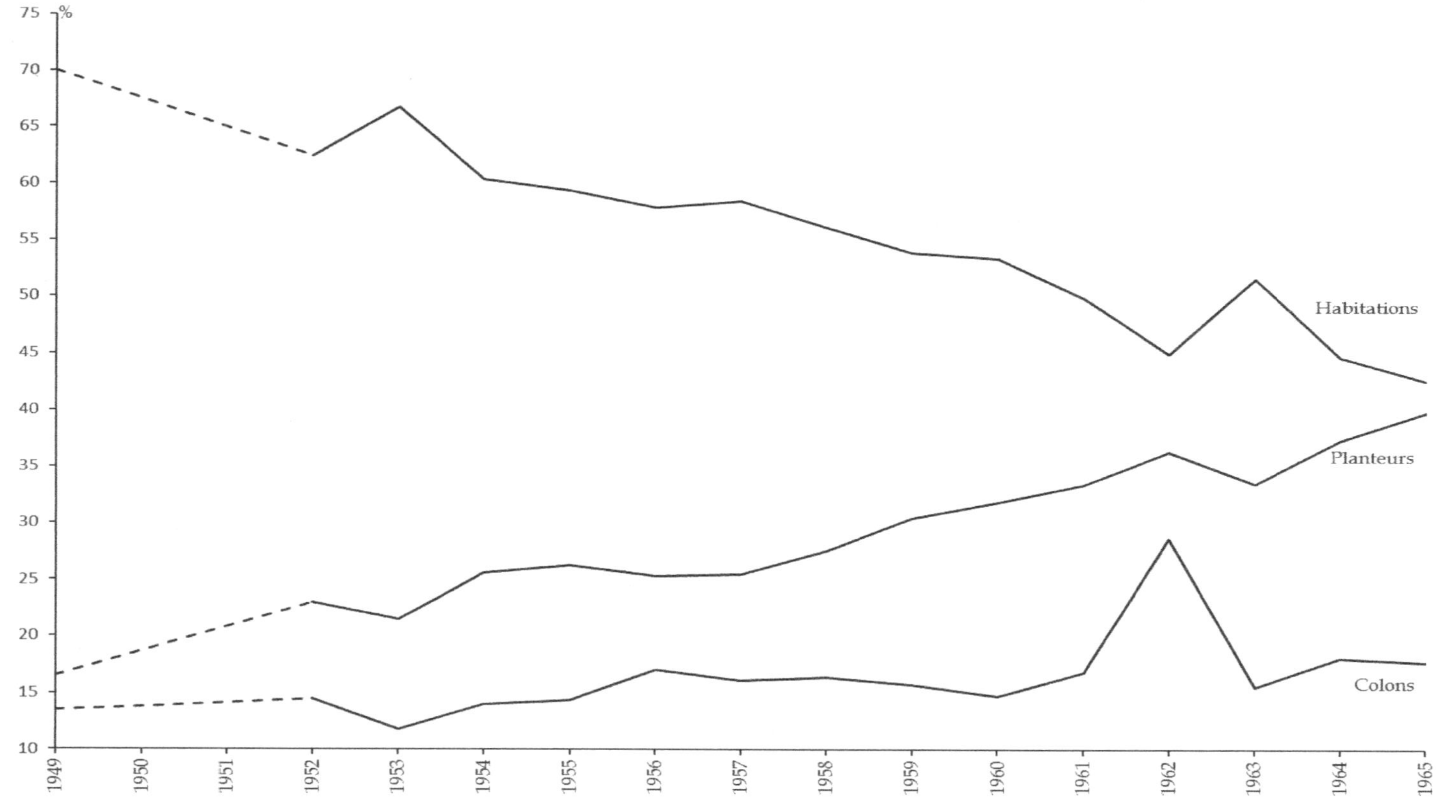

Total Guadeloupe

4. Enfin, quelques usines consacrent une petite partie de leur potentiel agricole inutilisé à des *tentatives de diversification.* C'est la SAUB qui fait le plus gros effort à cet égard. Sa plus belle réussite se situe dans l'élevage bovin, avec la création, en 1957, d'une filiale spécialisée, la Société d'élevage de la Grande-Terre ; l'habitation Lalanne (228 ha) est entièrement reconvertie en savane, des croisements sont effectués pour améliorer la race des vaches créoles, le cheptel s'accroît, la production de viande et de lait se développe, l'entreprise dégage des bénéfices. On ne saurait, par contre, en dire autant de ses autres tentatives dans les cultures alimentaires et la sylviculture, qui se terminent par autant d'échecs[36]. Outre Beauport, la SIAPAP et les SOM se développent également à côté de la canne, en consacrant 300 ha chacune à la banane sur leurs habitations de la Basse-Terre ; elles s'en dégagent au milieu des années 1960.

• **Les débuts de la modernisation dans la canne**[37]

Sur leurs domaines ainsi restructurés, les usines mettent en œuvre une politique de modernisation de leur production de canne. Elle débute par la mécanisation des labours ; les charrues à soc tirées par des bœufs et ne passant qu'une seule fois sont remplacées par des charrues à disques traînées par des tracteurs à chenilles importés des Etats-Unis. On commence par deux labours croisés par grandes bandes ("planches") de 5 à 8 m de large, séparées par des canaux de drainage profonds de 30 à 50 cm ; le creusement de ces canaux (la "canalisation") est également mécanisé, avec l'emploi de "canalisatrices", importées, elles aussi, des Etats-Unis, tirées par un tracteur, sauf dans les endroits difficiles et les terrains trop mous où il est encore fait à la main. Les "planches" sont ensuite "bombées", selon une innovation importée de Trinidad et destinée à faciliter l'égouttement du sol. Le "bombage" consiste en la création d'une sorte de relief artificiel de 70 à 80 cm de hauteur et d'un ample vallonnement, sur lequel sont plantées ensuite cinq rangées de canne ; l'opération est mécanisée et se fait au *grader*. Après le bombage, on pratique généralement un troisième labour, plus léger. Au total, dès la fin des années 1950, toutes les opérations de préparation du sol sont entièrement mécanisées ; le nombre de tracteurs utilisés

36. C. A. Medeiros, *L'évolution récente de la sucrerie Beauport (Guadeloupe). Etude de géographie humaine*, thèse de Géographie, Univ. Bordeaux III, 1970, p. 141-171.
37. A. Cointet, *Culture de la canne*, p. 70-82 ; G. Lasserre, *La Guadeloupe*, t. I, p. 420-424, et t. II, p. 490-497 et 514-517 ; P. Beccaria, *Réforme foncière*, p. 24-25.

dans le département, presque uniquement sur les grandes propriétés cannières, passe de 180 en 1951 à 630 en 1962. Jointe à la généralisation de l'emploi du camion pour toutes les opérations de transport, cette évolution entraîne la disparition des troupeaux de bœufs de trait sur les domaines des usines ; celui de Beauport passe de 1.200 têtes en 1952 à zéro en 1960.

Pour les opérations situées en aval de la préparation du sol, la modernisation est nettement moins avancée. Ainsi la plantation se fait encore manuellement, mais, désormais, la méthode dite "en haie" ou "couchée", en posant simplement les plants bout à bout au fond des sillons, a remplacé celle, remontant au temps du père Labat, des plants "piqués" verticalement dans la terre, espacés de 40 à 80 cm ; environ deux fois moins coûteuse et donnant de meilleurs rendements, elle se généralise progressivement sur les domaines des usines. On note également un début de mécanisation des sarclages et d'utilisation d'herbicides à la fin de la décennie 1950, mais on est encore très loin de la généralisation. Quant à la récolte, on en est tout juste au début du commencement de la mécanisation (*voir tome V*).

A tout ce qui précède, il faut naturellement ajouter l'emploi de variétés de canne en amélioration constante, résultat d'un énorme effort de recherche agronomique mené à Hawaï et dans toute la Caraïbe, notamment à la Barbade. En Guadeloupe est créé en 1953, aux Abymes, le Centre technique (devenu "interprofessionnel" en 1987) de la canne et du sucre (CTCS/ CTICS), géré paritairement par des représentants des usiniers et des planteurs, et financé par une taxe parafiscale perçue sur chaque tonne de canne livrée aux usines. Créé initialement pour gérer des pépinières destinées à l'expérimentation de nouvelles variétés de cannes en vue de régénérer la sole cannière, il a vu ses compétences étendues progressivement à tous les domaines et tous les stades de la filière : contrôle de la qualité et de la richesse des cannes livrées par les planteurs, sélection des engrais et herbicides, lutte contre les parasites et les maladies de la plante, mise au point de nouvelles techniques de culture et de récolte, utilisation du machinisme agricole, et naturellement formation professionnelle des planteurs et animation en milieu rural.

Il résulte de tout ce qui précède un accroissement significatif des rendements et de la productivité sur les terres en FVD des usines comme on peut le voir pour celles de la SIAPAP et de la SAUB sur le graphique n° 8.

Graphique n° 8

EVOLUTION DES RENDEMENTS AGRICOLES SUR LES HABITATIONS DE LA SIAPAP ET DE LA SAUB

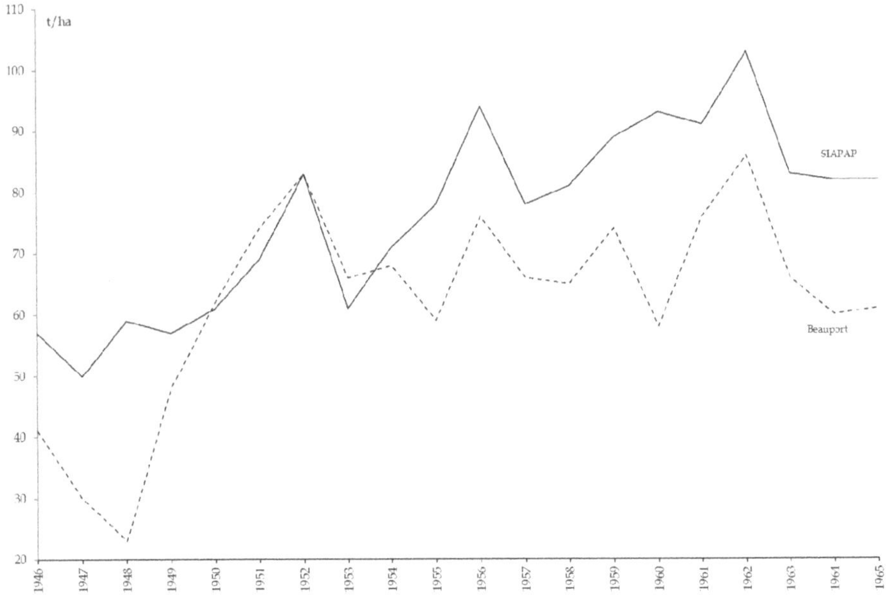

Sources : Rapports AG pour la SIAPAP (chiffres globaux pour les deux usines) ; ADG, 15J 197, tableau des récoltes pour Beauport.

EVOLUTION DE LA PRODUCTIVITE DU TRAVAIL SUR LES HABITATIONS DE LA SIAPAP

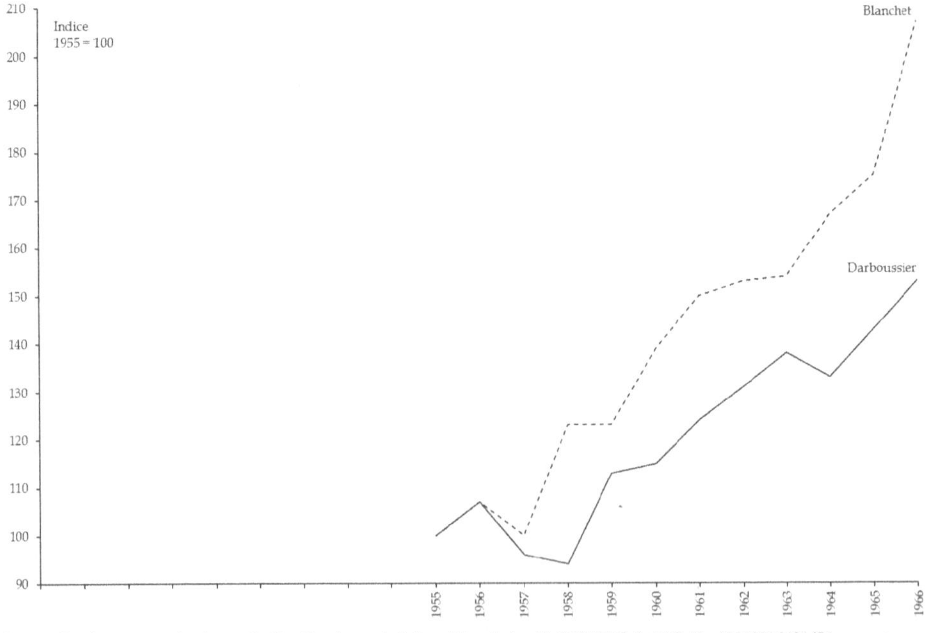

Source : Courbes communiquées par la direction des exploitations à la mission IRAT-SATEC de 1967-68 ; AN 1984 0124/56, annexe.
Nota : nous ignorons comment cet indice a été élaboré.

Les premiers augmentent de près de moitié en vingt ans sur les deux domaines[38], mais quelques données éparses par ailleurs semblent montrer des progressions plus importantes à Gardel et Sainte-Marthe. D'autre part, il ne s'agit ici que de moyennes ; "il est courant de récolter 120 à 130 t/ha en Grande-Terre" pour les cannes plantées, et on a même pu atteindre exceptionnellement jusqu'à 200 t/ha sur certaines parcelles en Basse-Terre pratiquant la rotation canne-bananier[39]. Quant à la productivité du travail, nous ne pouvons apprécier son évolution que pour les deux domaines de la SIAPAP[40], mais on s'explique mal qu'elle augmente beaucoup plus fortement à Blanchet (+ 107 %) qu'à Darboussier (+ 53 %). Mais de toutes façons, quels que soient les progrès enregistrés pendant les Vingt glorieuses, la Guadeloupe est encore très loin des performances réalisées au même moment dans la plupart des autres grandes zones de production sucrière dans le monde[41].

38. Sur les habitations de la SIAPAP, 61 t/ha sur la moyenne des années 1946-1951, 89 en 1960-65 ; sur celles de la SAUB, plus exposées à la sécheresse, 46 et 68 t/ha respectivement.
39. G. Lasserre, *La Guadeloupe*, t. II, p. 500.
40. A l'exception de Beauport pour deux années, mais sur une période qui n'est pas comparable. La production annuelle moyenne de canne par ouvrier agricole sur le domaine de la SAUB passe de 34 tonnes en 1949 à 122 en 1965.
41. Voir tome V.

CHAPITRE III

UN ENVIRONNEMENT PORTEUR

La croissance de l'économie guadeloupéenne au cours des deux décennies d'après-guerre se situe au confluent de tout un ensemble de facteurs exogènes convergents, dessinant un environnement général porteur qui entraîne à la hausse l'ensemble des activités, dont, évidemment, l'industrie sucrière. On peut les regrouper en deux grandes rubriques : l'élargissement de la demande et l'action de l'Etat.

1. DES MARCHES EN EXPANSION

Toute l'histoire de l'industrie sucrière mondiale dans le troisième quart du XXe siècle se déroule sur fond d'une augmentation continue de la consommation. En France, elle passe de 950.000 tonnes et 24 kg par habitant en 1949 à un maximum de 2.093.000 tonnes et 40 kg en 1976. Les sucreries des DOM en général, et de la Guadeloupe en particulier, sont portées par ce courant ascendant ; jusqu'en 1968, date de l'entrée en vigueur du premier règlement-sucre européen, les circonstances et les modalités de l'écoulement de leur production passent par trois phases.

1. De 1946 à 1950, la France manque de sucre. Les combats et les destructions en 1940 et 1944, les difficultés de toutes sortes pendant l'Occupation, les pénuries de l'immédiat après-guerre (main-d'œuvre, engrais, charbon) et le mauvais état des équipements entravent fortement l'activité des fabriques de sucre de betterave. Sur ces cinq campagnes, la production annuelle moyenne est de 851.000 tonnes, pour une consommation de l'ordre de 900 à 950.000 tonnes. On se tourne vers les importations, et spécialement vers celles en provenance des DOM. Au vrai, les usines ultramarines ne sont pas dans un meilleur état que leurs

homologues métropolitaines ; ce serait même plutôt le contraire. Mais, en raison des difficultés croissantes d'expédition de leur production puis du blocus pendant la guerre, elles ont accumulé des stocks considérables représentant environ deux années de production (260.000 tonnes pour les deux Antilles réunies en 1945), vers lesquels se précipitent les importateurs métropolitains[1].

2. A partir de 1950, l'équilibre est rétabli sur le marché métropolitain et la production de sucre de betterave reprend. Mais trois ans plus tard, la surproduction apparaît, en conséquence indirecte de la réforme du marché de l'alcool qui entraîne le report sur le sucre des betteraves destinées initialement à la distillation. Pour soutenir l'activité et le revenu agricole, le gouvernement élabore alors un "Plan sucrier", qui, dans sa conception, reprend en fait l'ancien contingentement des années 1930[2] ; tel est l'objet des décrets des 9 mars 1953 et 30 septembre 1954[3].

Selon les termes de ces textes, le gouvernement fixe chaque année en étroite collaboration avec la profession[4], en fonction de l'état des stocks et de l'évolution prévisible de la consommation, un niveau maximum de production pour l'ensemble de l'Union Française, auquel est garanti un débouché à un prix fixé administrativement mais rémunérateur. C'est "l'objectif de production", qui couvre en principe la consommation métropolitaine. Fixé initialement à 1.568.000 tonnes de raffiné, il est progressivement augmenté ensuite jusqu'à 2.300.000 tonnes pour sa dernière campagne d'application, en 1967-68 (*tableau n° 14*). Chaque sucrerie métropolitaine et d'outre-mer se voit attribuer un "quota", fixé en principe par référence à sa production des campagnes antérieures, qui bénéficie du prix garanti.

1. Voir notre t. III, *Fluctuations et dépendance*, p. 220-221.
2. *Ibid*, p. 116-119.
3. Sur tout ce qui concerne la genèse et l'application de ces textes, voir H. Cayre, *Vingt ans d'économie betterave-sucre en Europe*, Paris, SEDA, 1966, p. 61-98.
4. Le "Groupement national interprofessionnel de la betterave, de la canne et des industries productrices de sucre et d'alcool" (GNIBC). Il a un double rôle, à la fois consultatif pour l'élaboration des décisions gouvernementales et exécutif pour leur application. En fait, c'est l'institutionnalisation du puissant lobby betteravier. Pour la fixation de l'objectif annuel de production, il est extrêmement rare que le gouvernement rejette ses propositions (une seule fois, en 1965, à notre connaissance).

Tableau n° 14

LES "OBJECTIFS DE PRODUCTION" SUCRIERE

	TOTAL (1)	Métropole	Outre-mer (2)	dont Guadeloupe Quotas	Prod. effective
1954-55	1568,5	1225,0	343,5	92,0	112,2
1955-56	1710,5	1366,7	383,9	92,0	124,7
1956-57	1764,9	1367,5	394,9	103,1	112,9
1957-58	2012,0	1555,7	456,3	117,0	112,3
1958-59	2014,0	1547,2	464,0	120,0	136,0
1959-60	2050,0	1571,0	476,2	121,8	145,9
1960-61	2064,5	1566,2	498,2	121,4	161,1
1961-62	1879,1	1366,2	510,0	131,0	163,2
1962-63	2079,1	1566,2	512,8	131,0	162,1
1963-64	2079,1	1569,0	510,0	131,0	160,2
1964-65 (3)	2079,1	1569,0	510,0	131,0	172,3

Source : H. Cayre, *Economie Betterave-sucre*, p. 85.
En milliers de tonnes de sucre raffiné ; raffiné = brut x 0,96.
(1) Y compris quota de sucre de betterave de l'Algérie jusqu'en 1962 (=0,1 % du total).
(2) DOM + Madagascar et Congo jusqu'en 1966.
(3) Nous n'avons pu trouver les chiffres des trois dernières campagnes d'application du décret de 1953 (1965-66, 1966-67, 1967-68).

Les tonnages excédentaires au-delà de l'objectif de production sont exportés prioritairement vers la Zone-Franc, qui constitue alors un marché réservé et protégé pour l'industrie française. La consommation de sucre des territoires coloniaux non producteurs se monte à environ 300.000 tonnes, mais les prix qui y sont pratiqués sont ceux du marché mondial, 25 à 30 % plus bas que le prix garanti métropolitain, car il est évidemment impossible d'y appliquer celui-ci en raison du niveau de vie extrêmement faible des populations. Le décret de 1953 se contente seulement de garantir l'écoulement dans l'Union Française d'un contingent de 300.000 tonnes, pour lesquelles l'Etat prend en charge 30 % de la différence entre le prix garanti et le cours mondial ; le reste est financé par la profession elle-même, selon un système de cotisation appelée "taxe de résorption", qui est répartie par péréquation entre les producteurs, initialement tous, puis, à partir de 1957, uniquement ceux qui dépassent leur quota. Enfin tous les sucres excédentaires au-delà des tonnages garantis doivent être exportés sur le marché dit "libre", hors de l'Union Française, au cours mondial et aux frais des seules usines responsables de leur production.

La part de l'Outre-mer dans l'objectif de production est fixée à 19,9 % après un long et difficile arbitrage[5] ; c'est nettement supérieur à celle du contingentement d'avant la guerre, où elle n'était que de 14,75 % en 1938-39. En pratique, d'ailleurs, et sans que nous ayons pu en trouver la raison, les producteurs ultramarins obtiendront toujours un peu plus, avec des quotas en lent accroissement relatif pendant toute la durée d'application de ce régime (21,9 % en 1954-55, 24,5 dix campagnes plus tard). Il semble que les fabricants métropolitains aient assez mal vécu cette situation. En 1961, alors que la campagne betteravière a été pléthorique et qu'ils sont obligés de réduire leurs quotas de 13 % pour la campagne 1961-62, leurs homologues des DOM obtiennent au contraire un léger relèvement du leur, et ils détiennent désormais 27 % du total ; des voix s'élèvent alors en France pour demander "que chaque territoire supporte désormais la charge de l'excédent de sa production par rapport à sa consommation intérieure"[6]. Mais cette revendication demeure sans lendemain.

De toutes façons, même s'il se produit que, exceptionnellement, la production des DOM constitue vraiment une source de difficultés pour les betteraviers, il semble néanmoins que l'un des objectifs de ce régime ait été aussi de neutraliser ses effets dépressifs sur le marché métropolitain. Dans le détail territoire par territoire, on voit que les quotas de Madagascar et du Congo ne sont, dans l'ensemble, pratiquement jamais dépassés, sauf tardivement tout à fait en fin de période, tandis que la Martinique ne parvient au contraire jamais, sauf une fois, à remplir le sien ; sur l'ensemble de la période référencée tableau n° 14, elle ne produit que 83 % de celui-ci, alors qu'il n'est pourtant que de 88.000 tonnes en moyenne annuelle. A côté, la Réunion remplit ou dépasse très régulièrement son quota (182.000 tonnes de moyenne annuelle), à l'exception de deux campagnes très creuses en 1959 et 1963 (cyclones), qui font chuter le taux de réalisation effective de celui-ci à 105 % sur l'ensemble de la période.

---

5. AN, 1984 0124/8, dossier "4e Plan, sucre", rapport de la commission des DOM sur la production de sucre, 19 juillet 1961.
6. *Ibid*, id°.

Finalement, c'est surtout pour la Guadeloupe que ce régime constitue une véritable gêne, malgré un relèvement continu de son quota et de la part de celui-ci dans le total (de 5,8 à 6,3 % sur l'ensemble de la période). Globalement, avec une production annuelle moyenne de 142.000 tonnes pour un quota de 117.000, le dépassement est de 21 %, avec un maximum de 35 % en 1956. En 1961, c'est elle qui est visée par la demande malthusienne de betteraviers, parce que, après avoir dépassé son quota de 33 %, le gouvernement lui accorde un petit supplément de 10.000 tonnes. En fait, pour avoir beaucoup investi depuis la guerre (*chap.* 2), les usines de la Guadeloupe sont en surcapacité par rapport aux quotas qui leur ont été attribués. Déjà le partage du quota initial, en 1954, avait donné lieu à des négociations "au couteau" entre elles, chacune essayant de "piquer" le maximum de tonnes aux autres ; il avait fallu l'arbitrage des instances sucrières nationales (le GNIBC) pour parvenir à un accord[7]. Celles-ci doivent intervenir de nouveau en 1962 ; la récolte est tellement abondante qu'on a dû laisser sur pied un volume de canne représentant environ 20.000 tonnes de sucre, et il faut maintenant répartir les sacrifices[8]. Finalement, il semble bien que, même s'il a procuré un débouché stable à des prix rémunérateurs, le régime de l'objectif de production a plutôt entravé la croissance de la production de sucre de la Guadeloupe, au moins jusqu'à la fin de la décennie 1950 ; en 1962, le Rapport Marchal estime à 210.000 tonnes le potentiel sucrier maximum du département : c'est plus de moitié plus élevé que le quota qui lui est alors attribué.

3. A partir de 1961, toutefois, le problème de l'adéquation des quotas à la capacité des usines perd la plus grande partie de son acuité, en raison de la très large ouverture d'un nouveau marché, celui des Etats-Unis. Après leur rupture avec Cuba, en 1960, ceux-ci doivent rapidement trouver de nouvelles sources d'approvisionnement de leurs raffineries en sucre brut pour remplacer celui qu'ils recevaient jusqu'alors de la grande île. Cet approvisionnement repose sur un système de quotas d'importations par pays et Cuba disposait jusqu'alors du plus impor-

7. AN, 1984 0124/1, note du Commissariat général à la productivité "sur les problèmes actuels de l'économie sucrière des DOM", 14 mai 1955.
8. AN, 1984 0124/55, dossier "Campagnes 1962-67", "Note sur les perspectives d'évolution de l'économie sucrière de la Guadeloupe", par L. Marchal, expert économique d'Etat, septembre-octobre 1962 (cité désormais "Rapport Marchal").

tant, avec 2.800.000 tonnes, soit 33 % de la consommation US de 1959. Tous les pays producteurs du bassin caraïbe sont sollicités, y compris ceux qui, comme les Antilles françaises, n'avaient pas de quotas d'importations aux Etats-Unis et n'y expédiaient qu'occasionnellement du sucre. Guadeloupe + Martinique reçoivent d'abord un tout petit quota global de 10.000 tonnes en 1961, porté à 30.000 dès l'année suivante, puis à 42.800 en 1965, chiffres révisés chaque année et pouvant éventuellement être augmentés par réallocation des quotas de pays n'ayant pas pu remplir le leur[9].

Tableau n° 15

LES EXPORTATIONS DE SUCRE DE LA GUADELOUPE VERS LES ETATS-UNIS DANS LES ANNEES 1960

	Exportations tonnes	% prod.
1961	46.999	28,0
1962	48.602	28,5
1963	71.846	42,9
1964	32.393	19,4
1965	52.499	28,4
1966	49.897	29,8
1967	51.321	37,5
1968	53.443	38,0
1969	63.036	42,4
1970	59.930	37,5
TOTAL		32,9

Source : INSEE

En fait, ce quota antillais global va profiter presque uniquement aux usines de la Guadeloupe ; étant en situation de surcapacité, elles peuvent répondre immédiatement à ce surcroît de demande, alors que celles de la Martinique, qui ne peuvent même pas remplir leurs quotas intérieurs français, interviennent très peu dans ce nouveau courant d'exportations. Le débouché américain prend une importance croissante

9. C. A. Medeiros, *Evolution récente*, p. 193.

dans la production guadeloupéenne ; sur l'ensemble de la décennie 1960, il absorbe le tiers de celle-ci, et, en 1969, la Guadeloupe vend davantage de sucre aux Etats-Unis qu'à la France (63.000 t contre 55.800). L'opération est d'autant plus intéressante que, au moins dans les premières années, la pénurie relative de sucre aux Etats-Unis entraîne une hausse très importante des cours ; à New York, ils passent d'une moyenne annuelle de 3,06 cents par livre pour la campagne 1959-60 à 8,10 en 1963-64. L'opportunité que représente pour les sociétés sucrières l'apparition de ce nouveau marché constitue la principale explication des sommets de production et de profits atteints par elles au début de la décennie 1960.

2. *L'ACTION DE L'ETAT*[10]

L'assimilation institutionnelle proclamée en 1946 se traduit par une intégration pratiquement totale des nouveaux départements à la métropole dans le domaine budgétaire ; la départementalisation aggrave la dépendance, mais en contrepartie elle génère des flux qui financent un vaste effort d'équipement public et soutiennent directement la croissance.

• Les conséquences budgétaires de la départementalisation

Dans le régime antérieur à la départementalisation, celui du sénatus-consulte du 4 juillet 1866, les vieilles colonies disposent d'une très large autonomie fiscale et budgétaire. Le Conseil général est le maître des

10. R. Jouandet-Bernadat, "L'économie des Antilles françaises", *Caribbean Studies*, vol. VII, n° 2, 1967, p. 3-22 ; J. Crusol, "Quelques aspects économiques de la départementalisation aux Antilles françaises", *Revue économique du Sud-Ouest*, n° 2, 1975, p. 212-223, et "Les déséquilibres de la croissance excentrée en économie de plantation. Le cas des Antilles françaises", *Revue d'économie politique*, t. 87, 1977, p. 1-32 ; A. Buffon, "Transferts et déséquilibres de croissance. Le cas de la Guadeloupe", *CARE*, n° 9, "Miroir de la dépendance", avril 1982, p. 13-31 ; S. Baret, *Monnaie, finance et dépendance aux Antilles francaises*, thèse Sciences Economiques, Univ. Paris X, 1988, 2 t. ; J. Nosel, "Appréciation de l'impact économique de la départementalisation à la Martinique", dans F. Constant et J. Daniel (dir.), *1946-1996. Cinquante ans de départementalisation outre-mer*, Paris, L'Harmattan, 1997, p. 25-71.

finances locales. Il vote les impôts, fixe leur assiette, éventuellement en crée de nouveaux, mais en contrepartie doit faire face à toutes les dépenses de l'administration, aussi bien de fonctionnement (marche des services, traitement des fonctionnaires) que d'investissement (ainsi, le Plan d'équipement de la Guadeloupe de 1931). En principe, sauf circonstances exceptionnelles comme le cyclone de 1928, l'Etat n'accorde pas la moindre subvention.

A la veille de la guerre, dans le contexte de crise des années 1930, les limites de ce régime sont atteintes. Le système fiscal est archaïque. Les recettes sont, soit aléatoires, parce que susceptibles de grandes variations d'une année sur l'autre en fonction des fluctuations de la production locale (droits de sortie sur les "denrées coloniales"), soit sources d'injustices sociales, parce que frappant toutes les couches de la population de façon strictement proportionnelle (droits de douane sur les importations, droits de consommation, notamment sur le rhum), soit assises sur une matière imposable sans lien avec un quelconque processus dynamique de création de richesses (contributions mobilière et foncière, patentes). Sur de telles bases, il devient de plus en plus difficile de faire face aux dépenses croissantes indispensables pour améliorer les conditions d'existence d'une population vivant, pour son immense majorité, dans une grande misère. En filigrane commence à apparaître, chez certains conseillers généraux, l'idée que si la Guadeloupe était un département, ce serait l'Etat qui prendrait en charge le fonctionnement de l'administration et serait mieux à même de répondre à cette demande sociale.

Et telle est bien, effectivement, la conséquence du passage du statut de Colonie à celui de Département. Le régime fiscal et budgétaire de la Guadeloupe est complétement bouleversé.

En premier lieu, l'ancien budget colonial, qui recevait toutes les recettes et effectuait toutes les dépenses publiques, disparaît. Il est remplacé par un budget départemental, alimenté par des impôts locaux (dont une petite partie de ceux d'avant 1946 maintenus après) et limité à des matières résiduelles, d'intérêt étroitement local et délaissées par l'Etat. En même temps, le Conseil général perd l'essentiel de ses pouvoirs en la matière ; il est ramené au niveau du droit commun de ses homologues métropolitains. C'est d'ailleurs la raison pour laquelle, seul parmi les élus d'outre-mer, le député guadeloupéen Paul Valentino avait émis des objections à l'encontre de la départementalisation, non pas dans son principe même mais dans les modalités de son application, lors de l'examen du projet de loi par l'Assemblée Constituante, en mars 1946[11].

Mais surtout, à partir de 1948, les nouveaux départements ultramarins sont assimilés fiscalement et budgétairement à ceux de la métropole ; c'est donc désormais l'Etat qui perçoit l'essentiel des recettes et effectue l'essentiel des dépenses publiques. Or, ces dernières explosent, en raison tout d'abord de la prise en charge par l'Etat, comme dans tous les départements, de tous les domaines de l'action publique relevant de sa compétence et en application de politiques et de décisions de portée nationale exécutoires sur tout le territoire français (justice, police, équipement, enseignement, santé et action sociale ...), qui sont mises en œuvre par les différents ministères à travers leurs services déconcentrés localement. Mais il faut d'autre part financer spécifiquement l'énorme effort de rattrapage économique et social exigé outre-mer par la départementalisation, notamment en matière d'équipements publics, spécialement exigeants en crédits (*infra*).

Tout ceci suppose donc des moyens sans commune mesure avec les capacités contributives des DOM, en premier lieu parce que l'application intégrale, à partir de 1948, du principe de l'assimilation fiscale se révèle impossible en raison des effets pervers qu'elle entraîne. On ne peut étendre à des populations pauvres et des économies peu diversifiées un système fiscal conçu pour une métropole européenne industrialisée et à niveaux de revenus élevés ; pour éviter qu'elles soient écrasées par les impôts, il faut alors procéder à de multiples ajustements à la baisse : abattements sur l'IRPP et sur l'impôt sur les sociétés (voire même exemption totale de celui-ci dans certains cas, comme le décret de 1952), réduction des taux de TVA[12] ... Tout ceci diminue d'autant le montant final des impôts d'Etat perçus localement. Et de toutes façons, seconde raison, les besoins de financement sont tellement élevés que, même avec la grande croissance des "Vingt glorieuses", les activités

11. J. P. Sainton, *La décolonisation improbable. Cultures politiques et conjonctures en Guadeloupe et en Martinique (1943-1967)*, Pointe-à-Pitre, Ed. Jasor, 2012, p. 141.

12. Remplacée quantitativement, il est vrai, par l'octroi de mer ; mais celui-ci n'est pas perçu au profit de l'Etat.

productives locales ne sont pas suffisamment importantes pour générer les recettes nécessaires. L'écart entre recettes et dépenses de l'Etat ne cesse donc de s'agrandir ; en Guadeloupe, les premières financent 59 % des secondes en 1960 (calcul impossible avant) et 42 % dix ans plus tard.

Tableau n° 16

LES DEPENSES PUBLIQUES ET LEURS EFFETS SUR LA CROISSANCE DE 1949 A 1970

	TOTAL DEP. PUBLIQUES			COMMERCE EXTERIEUR				TRANSFERTS	
	MF	MF constants 1960	% PIB	Imp. MF	Exp. MF	Tx couv. %	Solde MF	Publics F - Gpe MF	Privés Gpe - F MF
1949	26,5	50,9	16,9	69,8	68,4	97,9	- 1,4		
1952	59,0	77,9	23,4	124,4	99,6	80,0	- 24,8		
1954	60,6	81,2	24,6	126,8	117,1	92,3	- 9,7		
1956	91,0	118,3	34,8	168,4	101,8	60,4	- 66,6		
1958	113,0	124,3	31,7	200,9	142,3	70,8	- 58,6	n.d.	n.d.
1960	149,5	149,5	31,3	238,2	171,4	71,9	- 66,8	+ 60,8	- 50,2
1963	256,6	225,8	42,1	343,2	188,3	54,8	- 154,9	+ 154,7	- 145,6
1965	440,6	365,7	55,0	421,5	186,8	44,3	- 234,7	+ 237,8	- 229,0
1966				458,8	172,8	37,6	- 286,0	+ 283,7	- 264,3
1967	556,3	439,4	59,7	491,8	160,1	32,5	- 331,7	+ 353,0	- 364,6
1968				504,8	187,8	37,2	- 317,0	+ 384,0	- 370,0
1969				546,6	175,6	32,1	- 371,0	+ 407,0	- 389,8
1970	823,5	551,7	62,1	709,3	209,0	29,4	- 500,3	+ 474,1	- 466,0

Sources : INSEE, Comptes économiques et IEDOM ; séries complétées par J. Crusol, *Aspects économiques de la départementalisation*, p. 217-218, et S. Baret, *Monnaie, finance et dépendance*, t. II, p. 28.

Nota : Les Francs de ce tableau sont ceux de la réforme de 1959 ("Nouveaux Francs") ; tous, sauf ceux de la deuxième colonne, sont des Francs courants.

• Le rôle moteur des transferts publics

La différence est compensée par des flux de subventions et de prêts en provenance de l'Etat et de divers organismes publics et parapublics, que l'on désigne sous le terme générique de "transferts publics". Quelle que soit leur origine, locale ou métropolitaine, les dépenses publiques en général constituent un moteur essentiel de la croissance de l'économie guadeloupéenne au cours des décennies 1950 et 1960 (auxquelles nous nous limitons dans ce chapitre), comme le montre la part croissante qu'elles occupent dans le PIB départemental. Mais, à l'intérieur de ce cadre global, les transferts publics jouent un rôle encore plus important. En tant que revenus d'origine extérieure, ils soutiennent la consommation intérieure et favorisent son expansion bien au-delà de ce qu'elle serait en leur absence. En outre, le développement multiforme des relations avec la France, le rétrécissement temporel de l'espace atlantique, l'accès quasi immédiat à l'information nationale, la prégnance du modèle métropolitain et les changements de goûts des consommateurs qui en résultent, suscitent une demande nouvelle et croissante de biens de consommation dans tous les domaines ("*manger France*", équipement ménager, vêtements à la mode et bien sûr automobile ...) à laquelle le tissu économique local, peu diversifié, ne peut évidemment pas répondre.

La départementalisation a donc donné aux DOM une capacité illimitée d'importation, puisque les déficits de toutes natures, budgétaire, commercial ou de la sécurité sociale, sont couverts mécaniquement par les transferts publics, sans qu'il soit nécessaire d'imposer à la population une politique spécifique d'austérité pour rétablir les équilibres. Les transferts publics constituent le plus puissant de tous les facteurs de la croissance de la Guadeloupe dans la seconde moitié du XXe siècle, mais en contrepartie ils signent la traduction comptable de sa dépendance[13].

Ceci apparaît tout particulièrement à travers l'évolution de la balance commerciale, sans cesse plus déficitaire. Le taux de couverture des importations par les exportations ne cesse de se dégrader, et les transferts publics viennent constamment combler la différence, avant d'être rapatriés en métropole sous forme de transferts privés pour payer le déficit commercial. On voit sur le tableau n° 16 que, sur la moyenne période, les trois séries se recoupent presque exactement ; déficit du commerce extérieur, transferts publics et transferts privés se situent dans les mêmes ordres de grandeur et évoluent sensiblement au même rythme. On note en particulier la double accélération qui se produit au cours de la décennie 1960. Jusqu'au début de celle-ci, la dégradation du commerce extérieur, quoique déjà continue, demeure dans des limites

---

13. Nous nous inspirons ici directement des réflexions sur le sujet du groupe de travail ayant préparé le rapport *Approche du VIIe Plan*, 1ère partie, p. 9-11.

que l'on peut qualifier de supportables, parce que le tissu économique local (productions d'exportation, agriculture tournée vers le marché intérieur, artisanat) est encore capable de soutenir l'essentiel de l'activité. Brutalement, entre 1960 et 1965, tout bascule ; les financements publics bondissent en même temps que s'effondre le taux de couverture des importations par les exportations. C'est le moment de la mise en application de la loi de programme de 1960 et du quatrième plan, qui se traduisent par une augmentation considérable de l'effort financier de l'Etat pour l'équipement des DOM (*infra*). Evidemment, ces crédits sont avant tout destinés à financer des investissements, mais leurs retombées indirectes sur la consommation vont non seulement accélérer celle-ci, mais également favoriser l'adoption du modèle métropolitain par les populations locales ; les statistiques commerciales de la Guadeloupe du début des années 1960 révèlent en particulier une forte accélération des importations de biens de consommation courante, y compris alimentaires, tandis que, parallèlement, disparaissent les activités artisanales "traditionnelles" qui répondaient jusqu'alors à la demande de biens non-alimentaires[14]. Puis, après 1965, avec le déclenchement de la crise de l'industrie sucrière et la stagnation des exportations pendant que les importations continuent d'augmenter, l'évolution de tous les indices reproduits dans le tableau n° 16 montre clairement que la Guadeloupe a définitivement perdu la maîtrise de son économie.

• L'amélioration des équipements publics

C'est le domaine dans lequel l'action de l'Etat est de très loin la plus soutenue, ses effets d'entraînement sur la croissance les plus forts, et surtout ses résultats les plus visibles, physiquement et politiquement. Il est vrai qu'en 1946 on part de très bas. Le programme de grands travaux lancé par le Conseil général en 1931[15] n'a pu être achevé en raison de la guerre, puis les difficultés de l'économie guadeloupéenne pendant celle-ci ainsi que le manque général d'entretien des équipements qui en est résulté ont réduit pratiquement à néant la plus grande part de ce qui avait été réalisé. A la fin du conflit, toutes les infrastructures de la Gua-

---

14. Voir sur ce point les développements de M. Rose, *Savoir-faire technique, gens de métiers et système de plantation à Marie-Galante (XIXe-XXe siècles) : parcours et fin d'un âge traditionnel*, thèse d'Histoire, Univ. Paris VII, 1992, 2 vol.
15. Sur lequel voir notre t. III, *Fluctuations et dépendance*, p. 170-177.

deloupe sont à refaire. Il en va naturellement de même dans les trois autres "vieilles colonies".

La départementalisation modifie complètement la façon d'aborder le problème. Sur le plan financier, tout d'abord, à la place d'un budget colonial aux moyens limités, c'est à l'Etat qu'il revient désormais de mettre en œuvre la création et l'entretien des équipements publics et de dégager les moyens nécessaires. Sur le plan politique, en second lieu, les retards, les insuffisances, voire même les manques, qui affectaient les infrastructures au temps de la colonie ne sont plus acceptables dans un département. Enfin, de nouveaux besoins collectifs apparaissent, pour lesquels la demande est forte et l'impatience grande.

La satisfaction de cette demande passe à la fois par la création d'instruments financiers *ad hoc* et par un énorme effort budgétaire.

1. Les instruments de financement

Le principal instrument de financement de l'action d'équipement de l'Etat dans les DOM est le FIDOM[16], dont l'origine se situe dans un organisme initialement plus large, le FIDES[17]. Créé en 1946, celui-ci avait pour objet de financer des plans de modernisation et d'équipement dans les différents territoires de l'Union Française ; à l'intérieur de cet ensemble, les DOM faisaient l'objet d'un traitement administratif et financier spécifique, avec une section particulière et des dotations propres, le FIDES-DOM, vite abrégé en FIDOM. Cette dénomination lui est officiellement attribuée en 1960, après la disparition du FIDES en conséquence des indépendances africaines.

Comme son nom l'indique, le FIDOM n'est pas une institution administrative autonome. Ce n'est qu'un simple fonds financier, une ligne du budget de l'Etat sur laquelle figurent, au titre des crédits du ministère des DOM-TOM, "les dotations consacrées au financement du développement économique et social des DOM". Il est géré par un comité directeur de 18 membres, présidé par le ministre.

---

16. Fonds d'investissement pour les Départements d'outre-mer ; sur tout ce qui suit, voir S. Baret, *Monnaie, finance et dépendance*, t. I, p. 23-35.
17. Fonds d'investissement pour le développement économique et social des Territoires d'outre-mer.

Le FIDOM accorde des subventions pour le financement d'opérations d'investissements d'intérêt collectif dans les infrastructures et l'amélioration des conditions sociales de la population. Il joue ici un rôle moteur, dans la mesure où, sans sa participation, aucun programme, aussi essentiel économiquement et socialement soit-il, n'est réalisable. Mais sa part dans le total des investissements tend à reculer lentement au cours de la période retenue ici, en conséquence de l'intervention croissante des ministères techniques outre-mer[18]. Après 1980, avec l'abandon de fait de la planification publique en France, le FIDOM n'a plus qu'une existence résiduelle et marginale.

L'autre grand instrument public de financement des investissements dans les DOM est la Caisse centrale de la France d'outre-mer, créée en 1944 et devenue "de coopération économique" en 1959. C'est un organisme de crédit, chargé notamment de financer des opérations de développement par des prêts à moyen et long termes ; elle fonctionne généralement en tandem avec le FIDES/FIDOM, dont elle est l'agent payeur dans les différents territoires de sa compétence. Etant financée elle-même quasi exclusivement par des avances du Trésor public, elle peut à son tour prêter à des taux inférieurs à ceux du marché. En 1977, la Caisse centrale cesse ses activités dans les DOM, remplacée par les grands établissements nationaux de crédit, notamment la Caisse des dépôts, et par la SOCREDOM[19].

2. *L'inclusion des DOM dans la planification nationale et l'effort budgétaire.*

Comme tous les investissements publics à l'époque couverte par ce chapitre, ceux effectués dans les DOM s'inscrivent dans le cadre de la planification nationale mise en œuvre à partir de 1946 pour encadrer et piloter l'évolution à moyen terme de l'économie française. C'est une planification souple, dite "indicative", par laquelle l'Etat fixe des objectifs généraux à atteindre et annonce les moyens qu'il est prêt à consacrer à leur réalisation. Les collectivités locales et les entreprises privées sont "incitées" à s'aligner sur ces objectifs, à la définition desquels elles sont d'ailleurs très largement associées, et à apporter les compléments de financement nécessaires. Etant donné la puissance économique considé-

18. Voir *infra*, tableau n° 17.

19. S. Baret, *Monnaie, finance et dépendance*, t. I, p. 35-41.

rable de l'Etat, premier industriel, premier banquier et premier client de France depuis les grandes nationalisations de 1945-46, il n'a pas besoin d'insister beaucoup pour que le capital privé réponde positivement ; naturellement, la croissance pratiquement continue de l'économie française au cours des trois décennies suivantes ainsi que les conséquences extrêmement favorables de l'ouverture européenne à partir de 1958 facilitent d'autant l'exécution des plans.

Six plans ayant réellement un impact sur l'économie française en général sont élaborés et exécutés au cours des "Trente glorieuses". Les trois premiers, intitulés "de modernisation et d'équipement", portent sur les périodes 1946-52 ("Plan Monnet"), 1954-57 et 1958-61. Les quatrième et cinquième, qualifiés respectivement "de développement économique et social" (1962-65) et "d'équipement et de productivité" (1966-70), constituent l'apogée de la planification "à la française" ; c'est l'époque des deux présidences du général De Gaulle, qui est un fort partisan de l'intervention de l'Etat dans la vie économique et y met tout le volontarisme dont il est capable ("Le Plan, ardente obligation"). Le sixième (1971-75) est le dernier élaboré et appliqué sérieusement. Au-delà, le déclenchement de la grande crise mondiale et la montée du libéralisme en France et en Europe entraînent le déclin progressif de la planification ; elle prend formellement fin en 1993.

Dès le début, les DOM sont intégrés dans le système national de planification. Mais pour le premier plan, ils sont "noyés" dans l'ensemble de l'Union Française et un peu oubliés au milieu de l'immensité des besoins africains. C'est seulement à partir du deuxième que leurs problèmes spécifiques sont pris en compte et que des commissions particulières leur sont consacrées : une centrale et quatre locales, une par département, dans lesquelles ne sont réunis presque uniquement que des hauts fonctionnaires et des représentants des milieux patronaux ; les conseils généraux sont consultés à la fin de la procédure d'élaboration, mais ils se trouvent alors face à des projets entièrement "ficelés" qu'il est difficile de modifier autrement que très marginalement.

Le tableau n° 17 récapitule l'évolution des investissements publics financés sur ressources budgétaires d'Etat (FIDOM + ministères techniques) dans les quatre DOM au cours de la période de planification effective. A ces sommes, il faudrait ajouter celles, faibles, provenant des

Tableau n° 17

LES INVESTISSEMENTS PUBLICS DANS LES DOM PENDANT LES SIX PREMIERS PLANS

	Réalisés 1er + 2e Pl. 1946-56		Prévus 3e Plan 1958-61	Prévus 4e Plan 1962-65	Prévus 5e Plan 1966-70	Prévus 6e Plan 1971-75
Millions de F courants	*650*		*443*	*1272*	*2312*	*2900*
% FIDOM	80,0		72,5	36,4	32,4	32,7
% ministères techniques	20,0		27,5	63,6	67,6	67,3
% infrastructures	*40,7*	(1)	*27,5*		*12,4*	*10,9*
Routes	20,4		13,0		1,2	3,5
Ports (2)	13,9		7,5		1,7	2,4
Transp. aérien	5,1		6,7		4,3	5,0
P & T					5,2	
Autres	1,3		0,3			
% production	*25,3*	(1)	*26,2*		*34,2*	*32,6*
Agriculture (3)	8,0		11,4		26,4	23,1
Energie	11,1		4,1		3,8	5,2
Tourisme, artisanat, ind.			4,5		3,9	4,3
Autres	6,2		6,2			
% domaine social	*34,0*	(1)	*46,3*		*51,9*	*48,4*
Enseignement (4)	2,3		15,7		25,9	27,3
Santé	11,6		4,7		14,5	7,2
Eau, assain., équip. urbain	17,6		11,6		7,2	11,8
Habitat	2,5		11,3		3,7	
Autres			3,0		0,6	2,1
% divers					*1,5*	*8,1*

Sources : Rapports de la commission centrale des DOM sur les troisième (p. 27-28 et 424), cinquième (p. 93-94 et 644) et sixième (p. 340-349) plans.

1. % n. d. par domaines pour les ministères techniques ; calculés ici sur FIDOM seulement.
2. Y compris signalisation maritime (phares ...).
3. Production agricole, équipements ruraux, recherche agronomique, eaux et forêts, pêche.
4. Enseignements primaire, secondaire et supérieur ; équipements sportifs et culturels à/c du Ve Plan.

Nota : malgré des recherches approfondies dans les publications de la Documentation française, il ne nous a pas été possible de retrouver le rapport du quatrième plan pour les DOM.

budgets locaux, ainsi que les prêts de la Caisse centrale, sur lesquels nous sommes mal renseignés ; la prise en compte de ces deux sources de financement accroîtrait probablement les totaux présentés ici d'un quart à un tiers pour les trois premiers plans, et entre le tiers et la moitié pour les cinquième et sixième. Le moment le plus remarquable dans cette évolution est la très forte accélération qui se produit sous la présidence De Gaulle, avec presque un triplement des financements prévus entre les troisième et quatrième plans, puis leur doublement du quatrième au cinquième ; à ceci viennent s'ajouter les 119 millions de la loi de programme d'équipement triennal (1961-1963) des DOM du 3 juillet 1960, destinée à compléter les ressources très insuffisantes que leur avait attribué le troisième plan. Ce tournant dans l'application de la planification dans les DOM a clairement un objectif politique. Le général De Gaulle décide de faire des Antilles la "vitrine de la France" dans une région caraïbe dangereusement agitée depuis la victoire de la révolution cubaine (1959), qui exerce sur les élites locales une puissante attraction. Il s'agit de renforcer la départementalisation en rendant prévisiblement prohibitif le coût d'une éventuelle autonomie, voire même de l'indépendance dont il commence à être question dans certains milieux (*tome V*).

La répartition par départements des sommes portées ici n'est donnée que pour les cinquième et sixième plans. La Guadeloupe reçoit 648 et 786 millions de Francs respectivement, soit 28 et 27 % du total. Ce sont des sommes considérables ; pour les deux derniers quinquennats, les seuls pour lesquels le calcul soit possible, elles représentent 10 % du PIB départemental de 1966-70 et 9 % pour 1971-75.

A en juger par ce que l'on en connaît pour les cinquième et sixième plans, la répartition par grands domaines de l'intervention publique est très proche pour les trois DOM insulaires. Seule la Guyane fait montre d'une certaine originalité, avec des dotations plus importantes dans les communications, le secteur minier et le Centre national d'études spatiales de Kourou ; cela ne change toutefois pas les proportions d'ensemble. On voit très bien l'évolution des priorités, et, derrière elles, celle des préoccupations des pouvoirs publics. Au cours des deux premiers plans, la préférence est donnée aux secteurs dans lesquels les retards sont les plus importants et les attentes des populations les plus fortes : infrastructures, conditions de vie (santé, eau, assainissement, logement).

L'enseignement n'est encore que peu servi, parce que l'essor démographique commence à peine et que les cohortes scolarisables sont relativement peu nombreuses ; mais à partir du troisième plan, l'arrivée d'un nombre toujours croissant d'enfants à l'âge scolaire et les exigences des familles pour de nouvelles offres d'éducation (maternelle, technique, universitaire) font accroître très fortement les moyens qui lui sont consacrés, jusqu'à devenir le principal bénéficiaire du sixième. On observe parallèlement la lente diminution de la part des infrastructures, au fur et à mesure que le retard des DOM est progressivement comblé, ainsi que des moyens consacrés aux conditions de vie de la population ("domaine social" autre qu'enseignement), ce qui est plus surprenant, car, nous le verrons, le retard est encore très loin d'être rattrapé au début des années 1970. Quant aux activités productives, elles n'occupent pendant longtemps qu'une place seconde dans l'engagement des pouvoirs publics, soit parce qu'elles relèvent essentiellement de financements privés (tourisme, artisanat, industrie), soit, pour ce qui concerne l'agriculture, parce que la croissance est forte pour les principales branches exportatrices jusqu'au début des années 1960. C'est seulement lorsqu'elle entre en crise, à partir du milieu de cette même décennie, qu'un effort particulier est consenti en sa faveur et que les cinquième et sixième plans lui consacrent des sommes importantes, représentant autour du quart des financements totaux.

3. *Des résultats spectaculaires mais insuffisants*

En 1971, la préfecture de la Guadeloupe publie une brochure dont l'objectif est de "faire connaître" le bilan des 25 premières années de la départementalisation[20]. En réalité, il s'agit clairement d'un instrument de propagande, destiné à montrer, alors que le courant nationaliste ne cesse de s'amplifier aux Antilles, qu'il n'y a pas d'avenir pour elles en dehors de la France. *A priori*, on est un peu sceptique devant cette débauche de tableaux, graphiques et pictogrammes, mais, quand on vérifie la réalité des chiffres utilisés pour les besoins de la démonstration, on doit bien constater qu'ils sont, dans l'ensemble, fidèlement reproduits ; il n'y a pas, globalement, de manipulation ou de trucage. Nous pouvons donc prendre ce document comme base d'appréciation des

20. *Guadeloupe, 1946-1971. 25 années de départementalisation*, Pointe-à-Pitre, AUPTM, 1971, 68 p.

progrès faits en matière d'équipement public au cours de ce quart de siècle (*Tableau n° 18*).

Tableau n° 18

L'AMELIORATION DES EQUIPEMENTS PUBLICS EN GUADELOUPE DE 1946 A 1971

INFRASTRUCTURES

	1946	1971
Routes		
Nationales, km	320	320
dont revêtus	130	300
Départementales, km	300	510
dont goudronnés	30	410
Chemins communaux	600	1.150
Ports		
PAP, longueur des quais, m	736	1.065
sup. des hangars, m^2	2.000	11.600
aire de stockage, m^2	20.000	120.000
		Trois quais spécialisés à Jarry
Basse-Terre		Construit 1961 à 1964
Aéroport international du Raizet		
Longueur de la piste, m	1950 = 1.600	3.100
Electricité (SPDEG)	*(1.951)*	*(1.974)*
Production, 1000 kwh	1.300	158.000
Longueur du réseau, km	170	1.944
Nombre d'abonnés	6.657	55.456

SPDEG : Société de production et de distribution de l'électricité en Guadeloupe. Entreprise à capitaux publics créée en 1951, en remplacement de l'ancien concessionnaire privé, défaillant ; remplacée par EDF en 1975.

EQUIPEMENTS SANITAIRES ET SOCIAUX

	1946		1971
Enseignement public et privé			
Nombre d'écoles primaires	132		343
Nombre d'établissements d'enseignement secondaire, lycées, incl. école normale	4		6
collèges (CEG et CES)	n'existent pas encore		45
nombre d'établissements d'enseignement technique	env. 6		23
Santé, sport			
Nombre d'hôpitaux et cliniques	5		28
Nombre de lits	env. 1.000		4.145
Nombre de médecins	57		174
Nombre de stades	moins de 10		42
Nombre de gymnases et piscines	0		24
Divers			
Nbre d'hab. desservis en eau potable	35.000		240.000
Nombre d'abonnés au téléphone	400		7.725
Assainissement de Pointe-à-Pitre	1952 = 15 ha sur 47		achevé
Nombre annuel moyen de logements construits	*(1954-61)* 1.125	*(1962-65)* 1.468	*(1966-70)* 1.427

Pour remarquables qu'ils soient, ces résultats ne sauraient toutefois pas être tenus pour satisfaisants, et ne le sont d'ailleurs pas pour l'opinion publique locale qui s'impatiente devant la lenteur des améliorations constatées, en particulier dans les domaines les plus sensibles.

Le mécontentement concerne d'abord, le plus important de tous pour les familles, l'éducation. En 1952, six ans après la départementalisation, il y a encore approximativement 2.000 enfants en âge de scolarisation obligatoire qui ne fréquentent pas l'école, soit 6 % du total, et ceux qui la fréquentent s'entassent à raison de 55 à 65 élèves par classe[21] ; par la suite, on parvient à scolariser 100 % des enfants de 6 à 14 ans, mais les classes demeurent toujours excessivement chargées : 40 élèves en 1963[22], 38 en 1971. En outre, l'enseignement préélémentaire

21. *Rapport IIe Plan*, p. 117.
22. *Rapport Ve Plan*, p. 533.

(maternelle) débute à peine et les locaux sont souvent vétustes. On a tout juste pu faire face, difficilement, à la vague démographique. Quant à l'enseignement secondaire, il se développe évidemment au fur et à mesure que des générations de plus en plus nombreuses arrivent à l'âge d'y entrer, mais il ne reçoit que 6 % du nombre total d'élèves en 1952 et 27 % en 1971, contre 33 % dans les académies métropolitaines ; la différence est encore plus grande dans le second cycle : 10,5 % seulement des élèves guadeloupéens du secondaire vont au lycée, contre 28 % en métropole.

Dans le domaine de la santé, l'effort de rattrapage est important sur le plan quantitatif ; on passe d'un médecin pour 3.300 h et un lit pour 188 en 1946 à un pour 1.900 et un pour 80 respectivement en 1971[23]. Qualitativement, par contre, la situation demeure extrêmement médiocre. Non seulement on manque de lits (taux moyen d'occupation en 1963 = 95 %, contre 76 % en métropole), mais en outre ces lits sont loin de donner satisfaction à ceux qui les occupent ; en 1965, 21 % seulement des lits publics de la Guadeloupe sont qualifiés de "bons" en termes d'équipement et de fonctionnement, 10 % de "médiocres", et tous les autres (69 %) de "mauvais"[24].

Enfin, pour ce qui concerne l'habitat et son environnement, la situation est extrêmement défectueuse. En 1974 encore, "le rythme de construction de logements ... ne permet même pas de couvrir entièrement l'accroissement de population, ce qui se traduit à la fois par l'augmentation continuelle du taux d'occupation du logement et par la génération d'habitat spontané". De 1954 à 1973, on a construit 74.000 logements en Guadeloupe, et pourtant la suroccupation s'est aggravée, avec un taux de 3,8 habitants par logement en 1954, 4,1 en 1961 et 4,5 en 1967 ; si l'on avait voulu maintenir les 3,8 jusqu'en 1973, il aurait fallu construire 13.000 logements de plus ; en 1967, 31 % sont considérés comme surpeuplés. En outre, ces logements sont, dans leur grande majorité, précaires et inconfortables : en 1967, 20 % seulement sont en dur ou semi-dur et 65 % recensés comme cases ; 47 % seulement ont l'eau courante,

---

23. En métropole, un médecin pour 720 habitants. La comparaison pour le nombre total de lits ne peut être faite, l'INSEE n'intégrant pas les hopitaux psychiatriques dans ses chiffres métropolitains ; pour les hôpitaux et cliniques généraux, publics et privés, en 1971 : un lit pour 85 habitants en métropole, un pour 95 en Guadeloupe.
24. *Rapport Ve plan*, p. 491.

40 % l'électricité et 22 % des WC[25]. Ceci est évidemment la conséquence du retard pris dans l'achèvement des réseaux ; en 1971, 20 % de la population ne reçoivent toujours pas l'électricité, 25 % l'eau courante, et 85 % ne bénéficient d'aucun système d'évacuation et de traitement des eaux usées.

C'est donc sur un constat désabusé que s'achèvent ces développements sur l'amélioration des équipements publics. En 1946, on partait de si bas et le retard était si grand qu'elle ne pouvait qu'être spectaculaire et contribuer fortement à la croissance de l'économie. Encore faut-il noter qu'elle est relativement lente à démarrer ; il faut attendre le grand bond en avant des crédits prévus aux quatrième et cinquième plans pour que les progrès soient réellement significatifs. Et de toutes façons, même à l'issue de ce grand effort, on est encore très loin des standards métropolitains.

25. Sur tout ce qui précède, *Approche du VIIe Plan*, 2e partie, p. 65-67.

DEUXIEME PARTIE

LES GENS DU SUCRE

CHAPITRE IV

LES ACTEURS DE LA CROISSANCE

En 1960, selon le Syndicat des producteurs de sucre, confirmé sur ce point par les estimations très soigneusement argumentées de Guy Lasserre[1], la filière canne-sucre-rhum emploie "par intermittence" environ 25.000 personnes, que l'on peut répartir en quatre catégories (personnels non agricoles, planteurs, colons partiaires et salariés agricoles), mais qui ne sont pas parfaitement étanches entre elles. Elles se distinguent par leur place dans la filière, leur statut et la nature de leurs relations avec les sociétés sucrières.

1. LES PERSONNELS NON AGRICOLES

Ce sont les cadres, les employés et surtout les ouvriers industriels[2].

• Les cadres des usines

Les personnels d'encadrement sont au nombre d'une quarantaine pour la SIAPAP et les SOM, où ils ont deux usines à gérer, et une trentaine à Beauport ; on n'a pas d'information pour les autres usines. Au sommet de la hiérarchie, vient celui que la presse et les syndicats dénomment/dénoncent régulièrement comme "l'usinier". Dans les usines familiales, il s'agit évidemment du propriétaire ou actionnaire majori-

---

1. *La Guadeloupe*, t. II, p. 1006-1007. Ce sont les chiffres les plus complets et les plus précis dont nous disposons pour toute la période des "Vingt glorieuses".
2. Sauf exception dûment signalée, tout ce qui suit s'appuie principalement sur le cas de Beauport, de très loin le mieux connu grâce aux thèses de R. Gama, *Grand domaine sucrier*, vol. II-1, p. 508-553, et C. A. Medeiros, *Evolution récente*, p. 53-57 et 191-194 On a très peu d'informations pour les autres usines.

taire ; dans les sociétés métropolitaines, c'est un directeur général des exploitations, subordonné en droit au PDG et au conseil d'administration à Paris ou Bordeaux mais disposant localement d'une très grande autonomie opérationnelle. A ses côtés se trouvent généralement trois directeurs adjoints chargés chacun d'un des grands domaines de la gestion : fabrication, agriculture, administration ; mais il arrive parfois que le propriétaire ou le DGE prenne lui-même en charge la direction industrielle. Ils sont assistés d'un certain nombre de chefs de service auxquels est confiée la responsabilité des grandes fonctions essentielles pour la marche de l'entreprise. Ainsi à Beauport, dépendent du "*département agricole*" deux services pour le FVD et les colons et planteurs, du "*département industriel*" les services du contrôle (production de l'énergie et broyage aux moulins), de la fabrication (en aval des moulins) et de l'équipement (atelier, approvisionnements, garage, services généraux) ; enfin, au "*département administratif*" sont rattachées toutes les fonctions tertiaires : personnel, comptabilité, mécanographie, transit, commerce, secrétariat et contentieux.

Pratiquement tous les cadres des usines sont des Blancs. Dans les sociétés familiales, les Créoles dominent très largement ; les usiniers d'origine martiniquaise (Aubéry, Despointes, Simonnet) recrutent principalement dans le groupe béké de leur île. Dans les sociétés métropolitaines, les originaires de l'Hexagone occupent toutes les plus hautes responsabilités ; les Blancs locaux n'apparaissent qu'au troisième niveau de la hiérarchie, celui des chefs de service, et encore n'y sont-ils pas majoritaires. Il semble que ces sociétés, après avoir beaucoup employé les « Blancs-pays » dans l'encadrement jusqu'à l'immédiat après-guerre, se soient progressivement détournées d'eux dans les années 1950 au profit d'un recrutement presque exclusivement métropolitain. Quant aux Noirs, nous n'en connaissons avec certitude qu'un seul ayant accédé à la position de cadre, qui finit sa carrière comme adjoint du chef du personnel de Beauport dans les années 1960 ; il semble que l'on en trouve quelques autres à Grande-Anse, où la faiblesse numérique du groupe blanc marie-galantais ne permet pas de lui attribuer tous les postes d'encadrement. Bien sûr, ces cadres métropolitains ont pour eux d'avoir bénéficié, dans une grande école d'ingénieur ou d'agronomie, d'une formation de haut niveau alors difficilement accessible depuis les Antilles, mais ce n'est certainement pas la seule raison de la préférence qui leur est donnée. On se méfie d'une possible trop grande proximité des cadres autochtones avec le personnel d'exécution ; on craint qu'ils ne soient pas capables de s'en faire obéir ("*Nèg pé ké jen pé koumandé Nèg* "), ou que l'entreprise ne puisse compter sur leur détermination en cas de conflit, alors qu'avec les métropolitains, au contraire... "Une violente grève déclenchée en juin 1950", note le rapport de la SIAPAP sur l'exercice[3], "a échoué très rapidement grâce au courage et au dévouement de nos cadres, qui ont effectué eux-mêmes les travaux de remise en marche, et, avec l'aide d'éléments fidèles du personnel, ont entraîné la reprise totale du travail".

Il est vrai que ces cadres sont bien payés pour cela. En 1967, la moyenne de leurs salaires à Beauport représente plus de huit fois le SMIG[4], auxquels viennent s'ajouter un certain nombre d'avantages en nature représentant en moyenne 60 % de leur rémunération de base : logement sur le site, y compris consommation d'électricité et de gaz, voiture, transport des épouses et des enfants dans le département, prise en charge médicale, diverses primes et allocations ..., et enfin voyage tous les ans en métropole pour eux et leurs familles.

L'écart est énorme entre eux et les autres personnels mensualisés de l'usine qui, en 1967, ne gagnent en moyenne que deux fois et demie le SMIG. Ils bénéficient en outre du logement sur place ou à proximité, des soins médicaux pour eux et leurs familles, de la scolarisation de leurs enfants dans l'école de l'usine et de divers autres petits avantages en nature. Au total, ce groupe représente une quarantaine de salariés à Beauport : employés, agents de maîtrise, ouvriers permanents ayant atteint les niveaux les plus élevés. Ils sont très majoritairement noirs, mais on trouve également quelques Blancs "bas de feuille" dans les bureaux et, à Gardel, quelques Indiens. Nous ne savons pas grand-chose sur les relations de ces personnels avec leurs employeurs. Travaillant dans la proximité immédiate de la direction et de l'encadrement, donc facilement soumis à des pressions patronales, bénéficiant de la stabilité de l'emploi et d'une rémunération que leur envient les autres salariés, on les imagine peu revendicatifs ; en tout cas, nous n'avons pas trouvé la moindre preuve d'une participation de leur part aux grandes luttes de la canne de la seconde moitié du XXe siècle.

---

3. AG 15 juin 1951.
4. Salaire minimum interprofessionnel garanti (SMAG en agriculture), créé en 1950 et devenu SMIC (... "de croissance") en 1970.

• **Les ouvriers industriels**

La grande majorité des salariés non agricoles des sociétés sucrières est constituée par les ouvriers industriels des usines. Par comparaison avec l'armée des travailleurs de la canne, ils sont peu nombreux ; on en compte un total d'environ 4.200 et 338 par usine en 1949, 3.200 et 279 respectivement en 1955, 2.800 et 233 en 1960[5]. Dans l'intercampagne, leur nombre est évidemment beaucoup plus réduit : on passe de 700 à 450 permanents à Darboussier, de 200-220 à 60-70 à Beauport. Ce sont généralement les plus qualifiés ; ils sont affectés aux travaux d'entretien, de grosses réparations et d'installations de nouveaux équipements à l'usine et au matériel de transport.

Ce groupe est extrêmement hiérarchisé. Dans les années 1960, le personnel industriel est réparti en six grandes catégories : manœuvres ordinaires, manœuvres gros travaux, ouvriers spécialisés 1 et 2, ouvriers professionnels, ouvriers qualifiés ; chaque catégorie est divisée en deux ou trois échelons, séparés parfois par quelques centimes de l'heure seulement ; selon les ateliers, il peut exister jusqu'à dix à quinze marches entre le plus bas et le plus élevé. Les syndicats accusent les directions de pousser la hiérarchisation à outrance pour pouvoir mieux diviser les salariés.

Le personnel industriel est payé à l'heure. Dans les années 1960, le salaire horaire le plus bas, correspondant au M01, est légèrement supérieur au SMIG, et le plus élevé (OP3C) autour d'une fois et demie. Quelques-uns seulement, tous permanents et hautement qualifiés, sont mensualisés ; leur rémunération peut atteindre alors deux fois le SMIG.

Ce milieu est combatif, mais certainement beaucoup moins que celui des travailleurs agricoles. Les ouvriers industriels se joignent volontiers, mais non systématiquement, aux grandes luttes de la canne qui surviennent pratiquement à chaque début de campagne (*chap. 5*), mais ils le font sur la base de leurs propres revendications, qui, jusqu'à la fin des années 1960, portent quasi exclusivement sur des augmentations de salaires. En général, ils obtiennent rapidement satisfaction, en premier

5. Voir tableau n° 11, *supra* ; les nombres du total pour 1949 et 1955 sont arrondis pour tenir compte des usines pour lesquelles nous ne sommes pas renseigné.

lieu parce que, très fortement syndiqués, dans la CGT essentiellement, ils s'appuient sur des organisations rompues à la négociation avec les usiniers, et d'autre part parce que, en raison de leur nombre relativement faible, il est relativement peu coûteux pour le patronat d'accéder à leurs demandes, d'autant plus que l'élévation pratiquement continue de la productivité industrielle lui permet d'en limiter assez facilement l'impact. C'est ce qui explique que les grèves des ouvriers industriels soient toujours moins longues, moins dures et surtout moins désespérées que celles des travailleurs de la canne, auxquels il est beaucoup plus difficile et beaucoup plus coûteux pour les sociétés sucrières de donner satisfaction. Ajoutons enfin que, une fois leurs revendications satisfaites et les grèves du début de la campagne terminées, il est extrêmement rare qu'éclatent de nouveaux conflits dans la suite de celle-ci ; nous n'en connaissons pas les causes, mais celui, précité, survenu à Darboussier en juin 1950 semble avoir été motivé par de tout autres raisons que salariales.

2. LES TRAVAILLEURS DE LA CANNE

• **Planteurs et colons**

En 1957, l'INSEE réalise en Guadeloupe un grand recensement agricole qui va servir de base statistique à toute l'action des pouvoirs publics en matière de propriété foncière et d'orientation de la production pendant un quart de siècle. Ses principaux résultats pour ce qui concerne la canne apparaissent dans le tableau n° 19. Ces chiffres incluent l'ensemble des fournisseurs extérieurs aux usines, planteurs, qui ne sont pas tous petits, fermiers *stricto sensu*, colons partiaires, et distilleries qui, ayant fabriqué tout leur contingent, livrent épisodiquement aux usines leurs cannes excédentaires. Mais les statistiques ne connaissent que deux catégories, les planteurs et les colons ; il semble que les livraisons des distilleries soient comprises dans celles des planteurs, et les apports des fermiers avec ceux des colons.

Les données des deux premiers tableaux ne sont malheureusement pas immédiatement comparables entre elles, en raison des divergences entre les sources et les méthodes ayant présidé à leur élaboration. Cependant,

Tableau n° 19

STRUCTURES DE LA PROPRIETE ET DE LA PRODUCTION CANNIERES VERS 1960

1. *Répartition des surfaces en canne selon la superficie des exploitations*

Superficie totale des exploitations	Nombre	%	Surfaces en canne (ha)	%	Rendements (t/ha)
Moins de 1 ha	13.813	57,7	3.150	12,0	35
1 à 4,9	9.541	39,9	11.214	42,6	34
5 à 9,9	346	1,5	858	3,3	33
10 à 19,9	102	0,4	131	0,5	56
20 à 49,9	54	0,2	303	1,1	61
50 à 99,9	8	0,1	225	0,8	68
100 ha et plus	51	0,2	10.450	39,7	75
TOTAL	23.915	100	26.331	100	

Source : Enquête agricole de 1957, dans *Annuaire stat. de la Gpe.*

2. *Répartition de la propriété sucrière selon la catégorie des exploitations en 1960*

Catégories de propriétés	Nombre	%	Sup. totale (ha)	%
Domaines des usines	13	0,1	41.000	54,7
Autres pptés de + de 100 ha	30	0,3	6.000	8,0
Moyennes pptés (5 à 100 ha)	250	2,4	8.000	10,7
Petites pptés (moins de 5 ha)	10.000	97,2	20.000	26,6
TOTAL	10.293	100	75.000	100

Source : Enquête de 1957, complétée par les recherches de terrain de G. Lasserre
Nota : le chiffre de 47.000 ha cité par l'auteur pour les domaines des usines correspond en fait à la situation existant au début des années 1950, avant le mouvement de réduction dont nous avons fait état précédemment ; nous reprenons ici celui de 41.000 ha, à l'issue de ce mouvement.

3. *Répartition des fournisseurs extérieurs de canne selon le volume des livraisons en 1961*

Volumes livrés (tonnes)	Nombre de fournisseurs	%	Total apports (tonnes)	% du total manipulé par les usines
Moins de 150	18.000	81,6	501.029	28,8
150 à 250	3.951	17,8	106.473	6,1
250 à 500	95	0,4	31.985	1,8
500 à 1.000	25	0,1	19.968	1,1
Plus de 1.000	24	0,1	97.253	5,6
TOTAL	22.095	100	756.708	43,5

Source : AN, 1984 0124/55, dossier "Campagnes 1962-67", "Rapport Marchal".
Nota : ces chiffres portent sur dix usines, Courcelles et Grande-Anse n'ayant pas répondu à l'enquête.

elles font néanmoins apparaître dans toute sa brutalité une extrême inégalité ; à une très mince couche de grands planteurs s'oppose la pulvérisation des microfundistes.

Les grands planteurs (100 ha et plus) sont presque tous des Blancs créoles guadeloupéens, héritiers d'habitations demeurées dans les familles depuis le XIXe siècle et qui ont survécu dans la canne à travers toutes les crises ayant frappé celle-ci , comme les Favreau à Richeplaine (137 ha à Saint-François), qui portent leurs cannes à Sainte-Marthe, ou les Nouy, propriétaires des trois habitations (440 ha) à Lamentin, au profit de Bonne-Mère après avoir longtemps fourni Darboussier. Certains exploitent également une distillerie. Cette catégorie rassemble une vingtaine à une trentaine de propriétaires, soit moins d'un demi pour cent du nombre total de fournisseurs des usines, mais apporte à celles-ci 5 à 6 % du volume de cannes passées à leurs moulins. En moyenne, chacun d'eux produit plus de 4.000 tonnes en 1961, mais les habitations Nouy en procurent à elles seules 20.000 à Bonne-Mère[6].

Pour les usines, ces grands planteurs sont les fournisseurs idéals. Non seulement les volumes élevés de canne qu'ils apportent contribuent à sécuriser leurs approvisionnements, mais ils permettent également d'en diminuer le coût puisqu'ils leur évitent de devoir se disperser entre une multitude de petits planteurs pour obtenir les mêmes tonnages. Aussi les sociétés sucrières soignent-elles tout particulièrement leurs relations avec eux, comme les SOM avec la famille Nouy, qui apporte, en 1959, 11 % du total des cannes manipulées par Bonne-Mère et reçoit pour cela un supplément de 10 % du prix de campagne ; "en raison de l'importance que présentent pour l'ensemble de nos approvisionnement et l'équilibre financier de Bonne-Mère les fournitures de l'intéressé", écrit deux ans plus tard le directeur général de la société, "nous recommandons vivement qu'il soit l'objet de notre part de toutes attentions que mérite le volume de cannes qu'il nous livre"[7].

La catégorie des "moyens planteurs" est assez difficile à définir précisément. Selon les enquêtes et les auteurs, elle englobe toutes les exploitations comprises entre 10 et 20 ha et fournissant 200 tonnes de canne

---

6. ANMT, 1998 030/141, dossier "Guadeloupe 1", note interne du DG E. Demont, 4 août 1959.
7. *Ibid*, le même, 21 février 1961.

d'une part, et ayant 100 ha et fournissant 1.000 tonnes de l'autre ; en moyenne, chacune d'elles s'étendrait approximativement sur une quarantaine d'hectares, dont huit à dix cultivés en canne et produirait autour de 300 à 350 tonnes de canne par campagne. Mais il ne s'agit là que d'un simple biais statistique. En réalité, cette catégorie n'existe pas. Il n'y a en effet rien de commun entre un petit planteur sans moyens cultivant 10 ha avec l'aide de sa famille pour produire 100 malheureuses tonnes de cannes de médiocre qualité et le propriétaire de 80 ha, employant de la main-d'œuvre salariée, voire même des colons partiaires, dont la production est partiellement mécanisée et qui obtient, avec des rendements proches de ceux des domaines d'usines, 800 à 1.000 tonnes à forte teneur en sucre. Quantitativement, d'ailleurs, le poids de ces "moyens" planteurs est extrêmement limité, représentant autour de 2 % du nombre total de fournisseurs des usines et un maximum de 4 à 5 % de leurs approvisionnements. Une fois de plus se vérifie cette observation que, entre les grandes propriétés d'usines ou de familles, issues directement des habitations-sucreries de l'époque esclavagiste, et la foultitude des micro-parcelles établies, comme ils pouvaient, là où ils pouvaient, par les affranchis de 1848 et leurs descendants, il n'y a pas, historiquement, de place, ni géographique, ni économique, ni sociologique, pour la constitution d'une classe moyenne rurale, d'une véritable paysannerie en Guadeloupe tant que subsiste globalement l'économie de plantation[8].

"Foultitude", disions-nous : tel est le terme qui vient à l'esprit pour définir la masse des petits exploitants disposant de moins de 5 ha chacun et représentant plus de 97 % des producteurs de canne de la Guadeloupe. Leur nombre n'est connu qu'approximativement. L'enquête agricole de 1957 recense 23.354 exploitations cannières de moins de 5 ha, dont 10.300 en FVD, environ 8.000 en colonage, un millier en fermage et 3.800 en mode mixte. Mais il y a des comptés doubles, car beaucoup de micro-propriétaires, qui ne parviennent pas à vivre du produit de leur seule parcelle, exploitent également une terre voisine comme colons ou locataires, sans que la moindre différence apparaisse concrètement sur

8. G. Lasserre, "La petite propriété des Antilles françaises dans la crise de l'économie de plantation", *Etudes de géographie tropicale offertes à Pierre Gourou*, Paris, La Haye, Mouton, 1972, p. 539-555 ; M. F. Zébus, "Paysannerie et économie de plantation. Le cas de la Guadeloupe, 1848-1980", *Ruralia*, vol. 5, 1999, p. 2-20.

le terrain. Ces différents types d'exploitations forment la catégorie des "petits fournisseurs" *stricto sensu*.

Les conditions dans lesquelles ces agriculteurs microfundiaires cultivent leurs exploitations sont désastreuses ; ils cumulent pratiquement tous les handicaps. Pour commencer, les superficies dont ils disposent sont minuscules ; la moyenne se situe à 2,5 ha par parcelle, dont 0,6 en canne. Bien heureux encore ceux qui atteignent ces chiffres, car 57 % d'entre eux n'ont même pas un hectare, 29 % pas un demi-hectare, et ils sont même 2.116, soit 9 %, à avoir moins de 20 ares (!). Dans ces conditions, non seulement il n'est pas question de mécaniser, mais même le matériel le plus élémentaire fait défaut. En 1952, une enquête effectuée à partir des demandes de prêts au Crédit agricole dans dix communes sucrières des trois principales îles de l'archipel guadeloupéen donne les résultats suivants : les 509 exploitations concernées possèdent en moyenne 3,2 ha de terre, dont 2,2 en canne, mais ne disposent que d'une charrette pour deux exploitations et d'une charrue pour 27 exploitations[9]. Le faible niveau de ces équipements est d'autant plus remarquable qu'il s'agit là d'exploitations qui, dans la catégorie des petits fournisseurs, peuvent déjà être considérées comme relativement étendues, ce qui signifie *a contrario* que l'immense majorité d'entre eux n'ont que la houe, le coutelas et la force de leurs bras pour mettre leur parcelle en valeur. On peut évidemment supposer que la situation s'améliore au cours des années suivantes, mais certainement pas au point de modifier massivement et profondément les façons culturales. Pour l'immense majorité de ces petits exploitants, elles demeurent toujours, au début des années 1960, pratiquement les mêmes que celles de l'époque de l'esclavage : entièrement manuelles. Les experts envoyés par Paris en vue de promouvoir la modernisation de l'agriculture guadeloupéenne se lamentent à longueur de rapports sur l'"archaïsme" et la "routine" qui caractérisent cette catégorie de producteurs, mais les comportements qu'ils dénoncent traduisent avant tout un manque cruel des moyens nécessaires pour se sortir de cette situation.

Il découle de tout ce qui précède que les rendements obtenus par ces petits exploitants sont extrêmement faibles. Au début des années 1960, petits planteurs et colons atteignent, en année climatique normale, autour de 40 à 45 tonnes de canne à l'hectares, 50 au grand maximum. Ces

9. A. Cointet, *Culture de la canne*, p. 75-80.

chiffres sont à comparer aux 80-85 tonnes réalisées en moyenne sur les habitations en FVD des usines, et pouvant atteindre jusqu'à 120 à 130 tonnes pour les plantations en "grande culture"[10]. Quant à ce qui concerne les volumes, selon les estimations et informations recueillies par G. Lasserre, 98 % des planteurs fournissent moins de 100 tonnes, dont 83 % moins de 25 tonnes, et la production moyenne des colons de la Grande-Terre se situe autour des 20 à 25 tonnes[11]. L'extrême médiocrité de ces résultats se répercute évidemment sur le niveau des revenus de ces petits producteurs, dont nous verrons qu'ils sont misérables. On en vient alors à se demander pourquoi continuer à cultiver la canne dans de telles conditions. L'explication première est que le petit planteur ignore jusqu'à la notion même de prix de revient ; seule compte pour lui sa recette finale, quel que soit le temps qu'il y passe, et il n'économise donc ni son temps ni ses peines pour qu'elle soit la plus élevée possible[12]. Comme le note le Rapport Marchal, "la culture de la canne dans ce cas constitue une sorte de fonds de roulement assurant une certaine trésorerie" ; l'engagement comme salarié intermittent sur les habitations de l'usine voisine, l'agriculture vivrière, avec revente d'une partie de la production sur le marché voisin, et un petit élevage de case permettent de compléter les ressources de la famille[13]. De toutes façons, pour un petit cultivateur parcellaire qui sait à peine lire et écrit plus mal encore, que faire d'autre que de la canne dans le Nord ou l'Est de la Grande-Terre ou à Marie-Galante ? Il persévère d'autant plus volontiers dans

10. G. Lasserre, *La Guadeloupe*, t. II, p. 499-500 et 516. Les cannes de grande culture sont celles plantées entre août et octobre d'une année et récoltées 18 mois plus tard, entre février et avril de l'année t + 2 ; elles s'opposent à celles dites "de petite culture", plantées immédiatement après la récolte, entre mars et juin, et récoltées l'année suivante, qui ne restent donc en terre qu'une seule année mais donnent des rendements inférieurs, de l'ordre des 80 à 100 t/ha.

11. *Ibid*, t. I, p. 422, et t. II, p. 494.

12. Comme l'observait déjà en 1931 Alexandre Buffon, directeur du service colonial de l'Agriculture ; ce qu'il disait alors peut être repris sans changement trois décennies plus tard : "Même avec le rendement fort de 30 tonnes, la culture de la canne ne peut rémunérer le travail de l'homme. Celui-ci s'y attache parce qu'il ne compte pas son temps. Trente, cinquante (tonnes) de cannes sur pied représentent pour lui beaucoup d'argent qu'il touchera de l'usine en deux ou trois fois. Voilà ce qui le leurre. Il est attaché à cette culture par la routine, parce qu'il est difficile de changer des habitudes séculaires de travail et de vie, même quand elles ne mènent à rien. Il y est attaché parce que malgré tout la culture de la canne a des possibilités énormes et qu'une fois par hasard elle lui rapporte un bon revenu" ; *Revue agricole de la Guadeloupe*, 1931.

13. AN, 1984 0124/55, dossier "Campagnes 1962-67".

cette voie que le débouché de sa production est en expansion pratiquement continue jusqu'au milieu des années 1960, en raison de la politique de limitation et de moindre développement de son FVD mise alors en œuvre par les usines (*supra*). C'est ce qui explique finalement que, par la force du nombre et de leurs peines, ces "petits fournisseurs" apportent une proportion toujours plus élevée du total des cannes passées aux moulins, jouant ainsi un rôle essentiel dans la croissance de l'industrie sucrière guadeloupéenne au cours de ses "Vingt glorieuses" (*tableau n° 13* et *graphique n° 7*).

• La main-d'œuvre salariée des habitations[14]

L'organisation de l'exploitation du domaine foncier des sociétés sucrières est encore plus hiérarchisée que celle de la fabrication à l'usine. Directement issue de l'époque esclavagiste, elle reproduit pratiquement à l'identique la structure et le vocabulaire en usage sur les habitations-sucreries du "père Labat" depuis le XVIIe siècle, qui perpétuent la mémoire de ce passé maudit sur ces lieux maudits dont les "damnés de la canne" ne peuvent se libérer, ni géographiquement, ni psychologiquement[15].

Tout ce qui concerne la production de la canne sur les habitations relève en dernière instance de la responsabilité du "directeur agricole" (SIAPAP, SOM) ou "inspecteur général des cultures" (SAUB et la plupart des usines familiales), adjoint immédiat du directeur général des exploitations. A ses côtés se trouvent les "inspecteurs agricoles", chargés de la direction d'un "centre", formé généralement par la réunion de plusieurs habitations (entre quatre et six) exploitées de façon coordonnée. Le domaine de Beauport est divisé en quatre centres, correspondant en gros aux quatre usines ou anciennes usines créées dans la région et concentrées dans la SAUB : Bétin, Clugny, Bellevue et Duval (*carte n° 2*) ; celui de la SIAPAP en compte quatre, un par commune, pour l'approvisionnement de Darboussier (Abymes, Baie-Mahault, Lamentin, Petit-

14. Tout ce qui suit provient pour l'essentiel de G. Lasserre, *La Guadeloupe*, t. II, p. 489 et 511-514.
15. C'est la raison pour laquelle, dans les développements qui suivent, nous soulignons tous les termes relatifs à l'organisation du travail de la canne déjà utilisés par le père Labat et avec la même signification.

Bourg), et un cinquième pour Blanchet, qui n'est en fait que l'ancien domaine de cette usine avant 1933, date de son acquisition. En outre, sur la plupart des domaines existe également un inspecteur s'occupant spécialement des petits fournisseurs (colons et planteurs). Dans les sociétés métropolitaines, tous ces hauts responsables agricoles sont des ingénieurs-agronomes venus de France. C'est moins systématiquement le cas sur les sociétés familiales, où les cadres sont souvent des Blancs créoles recrutés dans la parentèle du propriétaire ou actionnaire majoritaire, mais qui, à défaut d'une formation universitaire, peuvent faire état d'une solide expérience acquise sur le terrain. Tous ces hauts responsables agricoles sont évidemment payés au mois, aux mêmes niveaux de rémunérations que leurs homologues industriels et bénéficient des mêmes avantages en nature.

Sous les inspecteurs viennent les personnels chargés de la gestion des habitations. A la tête de chacune d'elles se trouve un *géreur*, secondé par un *économe*. Ce sont presque toujours des Noirs, parfois des Petits-Blancs locaux (souvent d'origine martiniquaise sur les sociétés familiales). Ils sont mensualisés, logés sur les habitations, et se situent aux mêmes niveaux hiérarchique et salarial que les agents de maîtrise des usines.

Immédiatement en dessous commence le prolétariat nègre de la canne. Le nombre précis de travailleurs employés sur les habitations pendant une campagne est pratiquement impossible à connaître, pour deux raisons excellemment analysées par Guy Lasserre[16]. La première réside dans "le mélange des petits propriétaires ou des colons ; il existe même un nombre important de travailleurs qui sont tout à la fois propriétaires d'un lopin de terre, colons et salariés à la période de la coupe de la canne". La seconde raison est "le caractère saisonnier, voire occasionnel, du travail salarié ... Tel salarié est immatriculé comme coupeur à la fois à l'usine et dans une distillerie ou chez un moyen propriétaire, ce qui ne l'empêche pas de couper sa propre récolte dans l'intervalle des journées d'embauche". Il s'ensuit que la présence des travailleurs est irrégulière, surtout parmi les petits planteurs, qui donnent évidemment la priorité à leurs propres plantations. Pour inciter les travailleurs, surtout ceux qui ne dépendent pas d'elles, à plus de régularité dans leur

16. *La Guadeloupe*, t. II, p. 1006.

venue sur les habitations, les usines accordent une majoration de 10 % pour cinq tâches faites dans la semaine et de 20 % pour six[17]. En outre, elles accordent assez facilement à des journaliers l'autorisation d'installer une case, avec une parcelle vivrière et un petit enclos d'élevage domestique, dans un coin inculte du domaine, moyennant l'obligation de travailler sur le FVD quand elles le demanderont ; ce sont les travailleurs "casés". L'intérêt de cette formule est de disposer sur place d'une réserve permanente de main-d'oeuvre immédiatement disponible. Au total, Guy Lasserre estime à 21-22.000 le nombre potentiel d' "ouvriers agricoles au service des sociétés" en 1960, dont 10.000 salariés "purs", journaliers qui ne sont ni colons ni planteurs. Les relevés par usine effectués par l'administration situent leur nombre réel à une moyenne de 13 à 14.000 par campagne dans les années 1950[18]. Les chiffres postérieurs à 1960, établis sur des bases statistiques différentes, ne peuvent être comparés à ceux qui précèdent.

Les usines recrutent leurs salariés agricoles dans les sections des communes des environs, au besoin en allant les chercher par camion s'il n'y en a pas assez sur place au moment de la récolte. Il semble y avoir eu une certaine pénurie de main-d'œuvre immédiatement après la guerre et jusqu'au début des années 1950 ; les usines font alors venir des coupeurs de la Dominique, de la Martinique et de Marie-Galante. Cette situation cesse après 1953[19].

Tous les travaux agricoles sur les habitations sont effectués et rémunérés "à la tâche". Une tâche correspond à une certaine quantité de travail à effectuer. Suivant les façons culturales, elle est exprimée "en surface (plantation, sarclage, etc), en longueur (à couper), en poids (fouille et épandage du fumier, amendement, épandage d'engrais, chargement des cannes, etc), en volume (canalisation à la main) ou en nombre (attachage d'amarres ou d'herbes, nombre de voyages des charrettes)" (G. Lasserre).

---

17. Arrêté préfectoral du 2 mars 1949 ; ADG, s. c. 288. La majoration pour six tâches est portée à 20 % en 1957.

18. 13.948 en 1948, 14.000 environ (manque Grosse-Montagne) en 1949, 14.475 en 1950, plus de 14.000 en 1955 (manque Marquisat), plus de 13.000 en 1956 (manquent les usines de Marie-Galante) ; ADG, s. c. 288, 2074, 2076, 2080, dossiers des campagnes.

19. G. Lasserre, *La Guadeloupe*, t. II, p. 1014 ; ADG, s. c. 2078, dossier de la campagne 1953.

Le travail est effectué par *ateliers*, dont l'importance varie selon la nature de la tâche (25 à 75 personnes) ; certaines tâches sont exclusivement masculines (la coupe), d'autres confiées uniquement à des femmes (l'attachage), d'autres enfin sont mixtes (les sarclages). Chaque atelier est placé sous la direction d'un *commandeur*, toujours un homme disposant déjà d'une certaine expérience, chargé d' "entraîner" les travailleurs de base et de s'assurer de la bonne exécution des travaux. L'*économe* de l'habitation circule à cheval entre les *pièces de canne* pour surveiller le travail des différents ateliers. Si l'on ajoute au malaise que suscite l'emploi de ce vocabulaire, en plein XXe siècle, l'image de la tenue extrêmement sommaire des coupeurs[20], il ne faut pas beaucoup d'imagination malsaine, au vu des photos de ce temps, pour se retrouver projeté brutalement en arrière à l'époque du père Labat et de l'esclavage.

La tâche n'est pas seulement une unité de mesure du travail, c'est également une unité de mesure de rémunération. A l'exception des commandeurs, généralement payés par quinzaine, tous les salariés agricoles des habitations sont rémunérés à la tâche. L'INSEE ne distingue que deux niveaux de "salaires journaliers dans la branche agriculture de l'industrie sucrière", celui du manœuvre et de l'attacheuse d'une part, qui, converti en taux horaire, dépasse à peine le SMAG, et celui de la coupe et de l'arrimage (des cannes sur les wagons et les chalands) d'autre part, plus élevé de 13 % au début des années 1960[21]. Mais à Beauport en 1968, la SAUB applique aux salariés agricoles la même grille de qualifications et de rémunérations (de M01 à OP3) qu'à ceux de la branche industrielle, sauf toutefois que le taux des salaires agricoles est 17 % inférieur à celui appliqué à l'usine ; l'écart entre le niveau le moins élevé (manœuvre) et le plus élevé (commandeur) est de 68 %[22]. Mais de toutes façons, les conditions de vie et de rémunération de l'ensemble des travailleurs de la canne sont si mauvaises que, même pour les mieux payés, on passe au mieux de la misère à la pauvreté.

---

20. "Le coupeur est vêtu d'un short ou d'un vieux pantalon s'arrêtant à mi-mollet, d'une chemisette (qui est souvent une camisole taillée dans un sac) et il est coiffé d'un chapeau à larges bords. Il travaille le plus souvent pieds nus" ; G. Lasserre.

21. *Annuaire stat. de la Gpe.*

22. R. Gama, *Grand domaine sucrier*, vol. II-1, p. 545.

3. DE LA MISERE A LA PAUVRETE

Au sortir de la guerre, après cinq années de blocus ou d'échanges raréfiés avec l'extérieur, de pénurie et de chômage, les conditions et le niveau de vie de la population guadeloupéenne ont profondément régressé. Dans un article significativement intitulé "Une île qui meurt", un journal métropolitain n'hésite pas à qualifier la Guadeloupe de "citadelle de la souffrance et de la misère"[23]. Au cours des années suivantes, la situation ne s'améliore pas sensiblement à cet égard. En 1954, le rapport sur le Deuxième plan continue de dresser un tableau accablant : "le niveau de vie est bas, plus bas qu'avant la guerre, voisin de celui de 1946" ; et plus loin, il n'hésite pas à employer, lui aussi, le mot "misère" pour le caractériser. Il y a pourtant déjà huit ans que la départementalisation a été votée ! En fait, pour que celle-ci commence à produire réellement ses effets sur la vie quotidienne de la population, il faut attendre le début des années 1960, et encore est-ce bien incomplètement. "Glorieuses", les vingt années qui suivent la guerre ne le sont, de toute évidence, pas pour tout le monde dans le pays sucrier de la Guadeloupe, comme doit bien l'avouer une note confidentielle du secrétariat d'Etat aux Affaires économiques, en 1957 : "Il n'est pas certain que cet accroissement du revenu global de chacun de ces départements, résultant de cette production (de sucre) plus importante, contribue autant qu'il serait souhaitable au relèvement du niveau de vie ... Il est à craindre que les classes dont le niveau de vie est le plus bas profitent relativement peu de ce revenu accru"[24]. En fait, les revenus de la population rurale sont trop faibles et leur augmentation est trop lente pour lui permettre d'avoir des conditions de vie décentes.

• La faiblesse des salaires

Les revenus des salariés de la canne au cours des "Vingt glorieuses" sucrières se caractérisent par leur grande faiblesse. En termes nominaux, certes, leur croissance est extrêmement forte, mais, compte tenu de l'inflation qui ronge continuellement le pouvoir d'achat, cette crois-

---

23. *Les Nouvelles Economiques*, 4 octobre 1946 ; coupure dans ANOM, AGEFOM, c. 100, dossier 8.
24. Citée de façon approbative par le "Rapport Léger" ; AN, 1984 0124/1.

sance ne permet finalement qu'une très médiocre amélioration du niveau de vie.

L'évolution des salaires nominaux sur les habitations et les usines, ainsi que celle du prix de la canne, est retracée dans le tableau n° 20. Le mouvement d'ensemble est celui d'une très forte hausse, mais avec deux moments nettement différenciés : 1946 à 1952, où les salaires agricoles sont multipliés par 5 à 6, ceux dans l'industrie de 4 (ouvrier qualifié) à près de 9 (manœuvre), et 1952 à 1965, où les coefficients multiplicateurs ne sont plus que de 2,1 à 2,3 pour toutes les catégories.

En eux-mêmes, ces chiffres n'ont pourtant strictement aucune signification. Pour apprécier leur traduction en termes réels, il faut les confronter à l'évolution des prix. En métropole, ceux de détail sont multipliés par 3,8 en moyenne nationale de 1946 à 1952, au moment de la grande vague d'inflation de l'après-guerre, et par 1,6 ensuite jusqu'en 1965, lorsque la hausse des prix retrouve un rythme plus régulier de l'ordre des 2 à 3 % par an. Ces deux phases se transposent dans les DOM par effet de contagion et sont directement à l'origine de celles précédemment décrites pour les salaires. Mais, en l'absence d'un indice synthétique des prix guadeloupéens ou antillais antérieur à 1965, il est difficile de savoir précisément dans quelle mesure le pouvoir d'achat en est affecté. Nous ne pouvons procéder ici qu'à des approximations, en distinguant l'avant et l'après 1952 et l'instauration du SMIG (SMAG en agriculture).

Jusqu'en 1952, les seuls éléments d'appréciation de l'augmentation des prix dont nous disposons se limitent aux quelques chiffres (valeurs ou pourcentages), évidemment soigneusement sélectionnés, dont font état usiniers et syndicats lors des négociations salariales d'avant-campagne ; nous n'en connaissons ni l'origine, ni le mode ou la base d'élaboration, et il est donc impossible de connaître leur degré de fiabilité. Avec beaucoup de précautions et de suppositions, il semblerait que l'on puisse situer l'inflation depuis 1946 autour des 500 %, soit un rythme approximativement comparable à celui des salaires, sauf pour les manœuvres des usines qui sembleraient gagner en pouvoir d'achat (?).

Tableau n° 20 – *EVOLUTION DES REMUNERATIONS NOMINALES DANS LA FILIERE CANNE - SUCRE*

Campagne (1)	TRAVAUX DE LA CANNE								SALAIRES DANS LES USINES					
	Manœuvre (2)		Coupeur		SMAG		Px canne (3)		Catégorie I-1		Catégorie IV		SMIG	
	F/jour	Ind.	F/j	Ind.	F/j	Ind.	F/t	Ind.	F/heure	Ind.	F/h	Ind.	F/h	Ind.
1946	1,0		1,2				10		0,10		0,27			100
1952	5,8	100	6,1	100	5,5	100	37	100	0,88	100	1,12	100	0,86	
1956	7,0		7,5		7,0		39		1,09		1,34		1,01	
1960	8,7		9,9		8,6		39		1,32		1,84		1,30	
1965	12,6	217	14,2	233	12,6	229	50	135	1,86	211	2,57	229	1,81	210

Sources : INSEE, *Annuaire statistique de la Guadeloupe* ; moyenne des salaires pour l'ensemble des centres. Sauf manœuvre et coupeur 1956, 1960, 1965 : C. A. Medeiros, *Evolution récente*, p. 55 ; chiffres de Beauport (n. d. pour moyenne Guadeloupe, mais pas sensiblement différente pour autant qu'on puisse en juger).

(1) Salaires du début de la campagne pour 1946, 1952, 1956, 1960 ; de la fin pour 1965.

(2) Salaire (homme en 1946) de base pour une tâche de 8 heures, à partir duquel sont calculés ceux des tâches plus qualifiées, notamment la coupe.

(3) Prix définitif en 1946, 1952, 1956, 1960 ; *source* : ADG, s. c. 2084. Pour 1965 : prix moyen à la richesse ; *source* : INSEE.

A partir de 1952, l'instauration du SMIG/SMAG donne une meilleure lisibilité à l'évolution des salaires réels, puisqu'il a été établi précisément pour sauvegarder le pouvoir d'achat des rémunérations les plus basses et augmente en principe au même rythme que les prix, parfois même légèrement plus vite quand le gouvernement décide de lui donner un "coup de pouce". On voit sur le tableau n° 20 que, sauf pour les ouvriers les plus qualifiés des usines (catégorie IV), l'évolution des salaires industriels et agricoles se contente tout juste de suivre celle du salaire minimum.

Au total, si l'on essaie de réunir dans une interprétation d'ensemble les divers éléments d'appréciation disponibles pour les deux périodes retenues, il semble bien que l'on puisse conclure statistiquement au minimum au maintien du pouvoir d'achat, et plus probablement à une légère progression sur l'ensemble des années 1946-1965, surtout, nous allons y revenir, après 1962. Un tel résultat ne peut guère être considéré comme satisfaisant, compte tenu des conditions dans lesquelles il a été obtenu et des interrogations qu'il suscite.

Préalablement à toute autre considération, on doit tout d'abord se demander ce que signifient des expressions purement statistiques comme "maintien" ou "légère progression" du pouvoir d'achat, quand on prend pour base les salaires de misère de la seconde moitié de la décennie 1940. Certes, nous l'avons vu, les salaires nominaux augmentent alors rapidement, et encore y faut-il chaque année des grèves dures (*chap. 5*), mais, compte tenu de la force de l'inflation, ces augmentations n'aboutissent finalement qu'à un rattrapage de la hausse des prix de l'année précédente. En pratique, les salaires ont toujours six à neuf mois de retard sur eux ; avec une inflation de 25 à 30 % par an, on peut imaginer la perte de revenu réel que représentent ces deux ou trois trimestres, et de combien régresse pendant ce temps le niveau de vie de la population rurale, alors qu'il est déjà à son plancher. Jusqu'en 1952, nous ne connaissons qu'une seule année, 1948, où les salaires augmentent plus que les prix, d'environ un tiers sur les habitations et de 20 % sur les usines ; mais, sur l'ensemble de la période depuis 1946, il y a eu au mieux "maintien" du pouvoir d'achat, c'est-à-dire maintien dans la misère.

L'extension du SMIG aux DOM constitue, certes, une réelle amélioration dans le processus de fixation des salaires, dans la mesure où il crée un effet "de cliquet" qui oblige les usiniers à suivre. Mais l'amélioration qui en résulte pour les salaires guadeloupéens est extrêmement lente. Avant 1952, ils subissaient un abattement de 42 % sur ceux de la région parisienne[25]. Avec le SMIG, cet abattement n'est plus "que" de 17 % en règle générale et 12 % dans l'industrie sucrière par rapport à la dernière zone métropolitaine soit 38 et 34 % respectivement par rapport à la région parisienne jusqu'en 1956, et 27 et 23 % de 1956 à 1961[26]. En 1962, en conséquence de la décision du général De Gaulle de mettre en œuvre une politique "de rattrapage" pour les prestations sociales dans les DOM (*voir t. V*), le SMIG antillais est augmenté plus rapidement que les prix pendant trois ans, jusqu'à ce qu'il rejoigne le niveau de la dernière zone métropolitaine (abattement de 12 % sur la RP) ; il est probable que cette mesure produit alors un effet réel sur le pouvoir d'achat.

Amélioration il y a donc, très certainement, mais on doit néanmoins s'interroger sur son ampleur, particulièrement pour ce qui concerne les salariés de la filière sucrière. Bien que nous soyons très mal renseigné sur ce point, de nombreux indices semblent montrer que le niveau des prix des biens de consommation courante est pratiquement égal, voire même plus élevé qu'à Paris dès la fin des années 1950 au moins, et que l'inflation y est plus forte ; les prix guadeloupéens subissent le triple impact de l'introduction et de l'imitation du modèle métropolitain de consommation, des pratiques abusives des divers oligopoles locaux du secteur d'importation (transport et distribution), et des conséquences inflationnistes du sursalaire de 40 % accordé aux fonctionnaires à partir de 1953. Il s'ensuit que, à l'exception de ces derniers, l'ensemble des autres salariés, ceux du secteur privé, sont très loin de bénéficier de l'extension du SMIG aux DOM autant que l'effet d'annonce pourrait le lais-

25. AG SIAPAP 8 juillet 1949.

26. Pour l'application du SMIG, la métropole est divisée en six zones dans lesquelles les salaires sont frappés d'un abattement, qui est lui-même fonction du niveau régional des prix. L'abattement est de 0 % dans la région parisienne, puis passe à 5, 10, 15, 20, et jusqu'à 25 % dans les régions les plus pauvres. A partir de 1956, le nombre de zones est réduit à cinq, par fusion des deux dernières, et les abattements ramenés à 3,33, 6,67, 10 et 12 % respectivement. Aux Antilles, le SMIG représente donc 83 % en général et 88 % du salaire de la région parisienne entre 1956 et 1961 ; voir J. Méraud, "Quelques remarques sur les effets des réductions des zones de salaires", *Etudes et Conjoncture*, vol. XI, 1956, p. 488-489.

ser supposer. Disons finalement que, pour l'immense majorité des salariés, la mesure a permis de passer de la misère au minimum vital.

Encore faudrait-il pour cela qu'ils eussent du travail toute l'année, ce qui, on le sait, est loin d'être le cas dans les régions sucrières de la Guadeloupe. Selon les estimations de G. Lasserre[27], le travail de la canne nécessite environ 130 jours de travail par an, la récolte s'étendant sur une centaine de jours, et, compte tenu du temps nécessaire à leurs propres cultures, les ouvriers agricoles ne fournissent que 70 à 80 jours chacun sur les habitations. Dans les zones presque entièrement consacrées à la canne, où les possibilités d'emploi hors de celle-ci sont extrêmement limitées, comme dans le Nord et l'Est de la Grande-Terre ou à Marie-Galante, le chômage frappe 40 à 60 % des actifs pendant l'intercampagne. Imaginons un travailleur rural qui, par impossible, trouverait à s'employer au SMAG 52 semaines par an à raison de six tâches par semaine ; son revenu annuel théorique se monterait à 1.726 F en 1952 (3.320 AF = 33,20 F par semaine), 2.704 F en 1960 (52 F par semaine) et 3.772 F en 1965 (72,54 F par semaine). Mais en réalité, comme il ne s'embauche que, admettons, 100 jours (16,5 semaines) par campagne, son revenu effectif se limite à 547 F en 1952, 858 en 1960, et 1.197 en 1965, soit 32 % du maximum annuel théorique, qui est en même temps le minimum vital en termes monétaires. Pour compléter ses ressources, il devra, s'il en a la possibilité, se faire producteur de canne comme planteur ou colon.

• La baisse du prix réel de la canne

L'évolution des revenus de ces deux catégories de travailleurs ruraux est encore pire que celle des salariés, car le prix réel de la canne ne cesse de se dégrader ; on voit sur le tableau n° 20, *supra*, qu'il augmente tout juste de 35 % en termes nominaux entre 1952 et 1965, tandis que le SMAG s'accroît de 129 %. Il faut 880 kg de canne pour atteindre le taux hebdomadaire de celui-ci en 1952, 1.330 en 1960 et 1.450 en 1965. Il se produit donc une très profonde régression du pouvoir d'achat de la canne ; pour maintenir celui-ci, ces petits producteurs doivent fournir un volume sans cesse plus important de travail.

---

27. *La Guadeloupe*, t. II, p. 548.

Compte tenu en outre des superficies le plus souvent minuscules mises en culture par ces petits producteurs (*Tableau n° 19*), il s'ensuit que les revenus tirés de la canne dans ces conditions ne peuvent être, eux aussi, que misérables ; toutes les estimations contemporaines convergent sur ce point. Voici, parmi beaucoup d'autres, celles présentées dans le Rapport Marchal pour deux planteurs en 1961, après remboursement à l'usine pour ses avances (engrais, boutures, etc).[28]. Le premier livre 50 tonnes, ce qui correspond à un hectare et demi environ de canne ; s'il effectue tous les travaux, coupe comprise, avec l'aide de sa famille, ainsi que le transport de sa récolte jusqu'à la balance de l'usine, il gagne 1.712 F dans l'année, mais s'il fait procéder à la coupe et au transport par des tiers, il ne lui reste plus que 700 F. Le second, qui exploite 2,5 ha de canne, le maximum qu'il puisse travailler avec une main-d'œuvre familiale, produit 150 tonnes ; sa recette annuelle se monte à 1.600 F s'il fait appel à l'extérieur pour la coupe et le transport, et à 5.300 F s'il travaille seul. C'est seulement dans cette dernière hypothèse que notre planteur gagnera plus que l'équivalent annuel du SMAG à plein temps (2.844 F en 1961), mais au prix de combien de centaines d'heures de travail pour lui et sa famille? Et encore s'agit-il là d'un planteur *stricto sensu* ; pour les colons, il faut encore déduire de ces pauvres résultats la redevance de colonage, qui varie de 10 à 15 % de la recette brute sur les usines de la Grande-Terre et de 20 à 25 % à Marie-Galante. Globalement, en 1960, 98 % des petits producteurs de canne de la Guadeloupe ne gagnent même pas l'équivalent annuel du SMAG, alors de 2.704 F, et 94 % même pas la moitié (*Tableau n° 21*). Même si l'on ajoute au revenu de la canne celui, précédemment supposé, de 858 F provenant du travail salarié pendant cent jours sur les habitations, ils ne sont que 2 à 3 % à dépasser ce niveau.

Il est vrai que, pour une bonne part, les estimations qui précèdent sont largement théoriques. Et pourtant, elles paraissent encore optimistes par rapport à ce que révèlent les enquêtes de terrain effectuées à la même époque.

En premier lieu, il y a celle de Guy Lasserre[29] : "La vente des cannes et les journées de travail sur les habitations", y compris par les femmes

28. AN, 1984 0124/5, dossier "Campagnes 1962-67".
29. *La Guadeloupe*, t. II, p. 551-552.

Tableau n° 21

REPARTITION DES REVENUS DES PETITS PRODUCTEURS DE CANNE EN 1960

Revenu annuel (Francs)	Nombre	%
Moins de 665	14.000	83,10
665 à 1.330	1.800	10,72
1.330 à 2.660	700	4,20
SMAG = 2.704		
2.660 à 6.650	250	1,50
6.650 à 13.300	40	0,24
13.300 à 26.600	20	0,12
Plus de 26.600	20	0,12
TOTAL	16.830	

Source : A. Bonneton-Koussoula, *Contribution*, p. 61.

comme sarcleuses, attacheuses, donneuses d'eau ou glaneuses, "permet aux familles de colons et de petits planteurs", représentant 85 à 90 % de la population du pays sucrier de la Grande-Terre, "de s'assurer 1.500 à 2.000 F par an en numéraire", soit 55 à 74 % de l'équivalent annuel du SMAG en 1960. "Une dizaine de milliers d'(anciens) francs (100 F) par mois", soit 1.200 par an, "couvrent à peu près les achats indispensables : morue, huile, graisse, riz, sel, rhum, et, plus rarement, poisson et viande, cotonnades, vêtements, chaussures. Le reste est tiré de l'exploitation : fruits à pain, "grosses racines", bananes, "pois", légumes, volailles et cochons. Pour les populations littorales, lignes et casiers permettent d'améliorer l'ordinaire de quelques "courts-bouillons". La vente de quelques fruits et légumes, de quelques charretées de charbon de bois, parfois d'un cochon ou d'un veau, donne un peu d'argent liquide supplémentaire".

Plus accablants encore sont les résultats de deux enquêtes effectuées dans le cadre de la préparation de la réforme foncière de 1961 (*Tome V*). Le revenu annuel moyen de 630 petits propriétaires de Petit-Bourg apportant leurs cannes à Roujol se monte, pour l'ensemble de la campagne 1961-62, à l'équivalent de trois mois de SMIG (!), pour 5.298 planteurs martiniquais fournissant Lareinty, à un mois et demi (!!) ; l'auteur de la note rédigée à partir de ces données en vue de l'élaboration du cinquième plan pour les DOM estime que l'objectif de celui-ci doit être que le groupe familial dispose d'un revenu égal au moins au SMIG, "ce qui représenterait un très grand progrès par rapport à la situation actuelle"[30].

• Les difficultés de la vie quotidienne

L'extrême médiocrité des revenus se répercute directement sur le niveau et les conditions de vie de la population, ainsi que le montre ce que nous connaissons de la structure des budgets familiaux (*tableau n°* 22).

Evidemment, les résultats de ces deux enquêtes ne doivent être comparés qu'avec précaution. L'administration préfectorale en 1948 (première année d'application effective de la départementalisation) ne dispose certainement pas des moyens de l'INSEE cinq ans plus tard, et une certaine imprécision entoure la catégorie retenue alors (Quels "ouvriers" ?). Mais globalement, néanmoins, ce tableau confirme ce que l'on pouvait prévoir ; conformément à la loi dégagée par le statisticien allemand Ernst Engel, la part du revenu familial consacrée à l'alimentation évolue en fonction inverse de celui-ci : plus il est faible et plus cette part est élevée. Nous ne connaissons pas le revenu moyen des salariés agricoles en 1953, mais il est bien évident qu'il se situe tout en bas de l'échelle. La structure qui apparaît ici est celle d'une immense misère. Une fois satisfaits ses besoins les plus élémentaires de survie (alimentation, habillement, logement), qui absorbent 80 % de son revenu monétaire, la population rurale n'a pratiquement plus aucune capacité de dépense ; par comparaison, dans la France de 1953, les ménages ne consacrent en moyenne que 41 % de leur revenu à des dépenses alimentaires.

Au cours de la dizaine d'années qui suivent, l'élévation du pouvoir d'achat qui caractérise les débuts de la Ve République aux Antilles modifie sensiblement la structure des budgets familiaux. Elle évolue alors comme classiquement lorsque le revenu augmente ; on observe ainsi

30. AN, 1984 0124/8, dossier "Ve Plan", "Note sur les problèmes posés par la promotion des petites exploitations agricoles dans les DOM", 17 mai 1965.

Tableau n° 22 – *STRUCTURE DES BUDGETS FAMILIAUX DANS LES DECENNIES 1950 ET 1960*

Année de référence	1948	1953				1966
Source	Comm. préfectorale (1)	Enquête INSEE (2)				Enquêtes et estimations INSEE (3)
Niveau professionnel	"Ouvriers"	Fonctionnaires	Employés	Salariés non agr.	Salariés agricoles	"Ménages"
Niveau annuel de revenus (Francs)	n.d.	4995	3426	2487	n.d.	n.d.
POSTES % (4)						
Alimentation	65	55,1	57,5	66,8	70,2	43,3
Habillement	15	12,7	11,6	10,5	11,1	11,1
Logement	10	5,6	6,2	3,2	0,9	20,0
"Besoins ménagers"	6	7,2	6,8	5,5	5,2	11,8
Autres	4	19,4	17,9	14,0	12,6	13,8

1. ADG, s. c. 458, commission réunie à la préfecture pour fixer l'évolution du coût de la vie et le minimum vital, avril 1948.
2. "Une enquête sur l'alimentation en Guadeloupe", *Etudes et conjoncture*, vol. X, 1955, p. 1010-1015. Enquête effectuée auprès de 128 fonctionnaires, 33 employés, 151 salariés non agricoles et, pour une part seulement de ses objectifs, 144 salariés agricoles ; moyenne pour l'ensemble n. d.
3. Résultats reproduits par A. P. Blérald, *Histoire économique de la Guadeloupe et de la Martinique du XVIIIe siècle à nos jours*, Paris, Karthala, 1986, p. 240.
4. L'intitulé du poste "Besoins ménagers" est celui de la commission de 1948. Pour 1953, nous avons fait le total des rubriques "Electricité, combustibles" + "Blanchissage, savon, détersif", pour 1966, "Hygiène, santé". La rubrique "Autres" = total de "Transport" + "Culture, loisirs".

une baisse très importante de la part consacrée en 1966 à l'alimentation par le ménage guadeloupéen moyen, ce qui traduit indiscutablement une amélioration significative du niveau de vie ; autre constatation : le bond fait par le poste du logement, qui est probablement la conséquence de l'accroissement de la taille des familles et donc des besoins qui en résultent dans ce domaine. Ceci dit, il ne s'agit ici que de moyennes. A l'exception des fonctionnaires, dont le pouvoir d'achat augmente brusquement de 40 % en 1953, des professions libérales et d'une mince couche de salariés du secteur privé, il n'est pas douteux que, pour le reste de la population, la part de l'alimentation dans le budget familial tombe très en dessous des 50 %, en tout cas, certainement pas pour l'immense majorité de la population rurale, salariés agricoles, petits planteurs et colons, dont nous savons qu'elle ne perçoit pas, et de très loin, l'équivalent du SMAG sur l'ensemble de l'année.

L'enquête de l'INSEE de 1953 contient également des informations sur l'importance et la composition de la ration alimentaire quotidienne. On est surpris du niveau du taux calorique, que l'on n'aurait pas supposé *a priori* aussi élevé : de 2.325 calories pour les ouvriers à 3.270 pour les fonctionnaires, avec une moyenne de 2.870 ; les auteurs de l'enquête expliquent ce résultat par le fait que "l'alimentation traditionnelle contient des aliments à forte valeur en calories, huile, sucre, riz". Par contre, le contenu qualificatif de cette consommation ne peut s'apprécier aussi positivement. Il y a excès de féculents, qui représentent 53,4 % des calories consommées (dont 29,4 % pour le pain et 10,7 % pour le riz), de corps gras (19,2 %, dont 11,3 pour l'huile) et de sucre (11,1 %), et inversement insuffisance de fruits et légumes frais (4,3 %) et de "chair" (viande et poisson), qui ne contribue que pour 7,8 % à la ration quotidienne. On observe toutefois que cette dernière proportion est sans doute sous-estimée, en raison des sous-déclarations de la consommation de morue salée (0,7 % seulement), que les auteurs de l'enquête estiment "vraisemblablement supérieure" à celle enregistrée par eux ; "la morue représente un aliment traditionnel, mais on a des raisons de penser que, pour des raisons psychologiques, les enquêtés n'ont pas répondu correctement sur ce point"[31].

31. Rappelons que la morue salée constituait la base de l'alimentation carnée des esclaves avant 1848. Même après, elle demeure une nourriture de "*moune bitasyon*".

Pour des raisons de faisabilité, cette partie de l'enquête a été limitée aux seuls groupes urbains (fonctionnaires, employés, ouvriers industriels). Les ménages agricoles, qui "bénéficient d'apports en nature" et dont "les déclarations relatives aux aliments consommés provenant de l'exploitation agricole paraissent sous-estimées", ont été éliminés. Sur la base des informations disponibles, les auteurs estiment que "la grande masse de la population rurale a vraisemblablement une alimentation différente en quantité et en qualité". On peut supposer un taux calorique moins élevé, et surtout une ration quotidienne contenant beaucoup moins de "denrées d'importation ... (qui) se substituent aux aliments traditionnels ... (lorsque) le pouvoir d'achat de la famille s'élève", en clair, moins de pain et plus de "racines" et autres "vivres-pays", produits dans les "jardins" autour des cases, peut-être aussi davantage de viande de volaille et de porc, issue d'un petit élevage domestique alors que le consommateur urbain doit payer pour l'acheter. Mais au total, quel que soit le lieu de résidence, cet excès de consommation de féculents et de corps gras couplé à une insuffisance de viande dénote dans tous les cas un régime alimentaire de population pauvre.

Une conclusion comparable s'impose avec plus de force encore s'agissant du logement. Nous avons vu que la situation dans ce domaine est déjà extrêmement médiocre dans la Guadeloupe en général[32], mais elle est absolument détestable dans les régions sucrières. Ainsi dans les trois communes du Nord de la Grande-Terre : 69 % des logements n'ont qu'une ou deux pièces seulement ; 0,5 % à peine ont un accès direct à l'eau courante, 72 % n'ont que celle recueillie dans des barriques et 7,5 % doivent utiliser les mares ; 65 % ne reçoivent pas encore l'électricité[33]. En outre, cet habitat est extrêmement sommaire, consistant, pour 84 % des logements, en de simples cases de bois ; jusqu'en 1960 au moins, on trouve encore, dans les sections les plus misérables, des cases en gaulettes couvertes de pailles de canne, selon un modèle directement issu des "cases à Nègres" de l'époque esclavagiste[34]. L'extrême faiblesse des revenus et, pour les colons, la menace de l'expulsion qui pèse en permanence sur leurs têtes, n'incitent évidemment pas à faire de grands efforts dans ce domaine. Pour loger leurs salariés, les usines lancent, au cours des années 1950, des programmes de loge-

32. *Supra*, chap. 3, *in fine*.
33. C. A. Medeiros, *Evolution récente*, p. 214-215, chiffres du recensement de 1967.
34. Voir les photos reproduites dans G. Lasserre, *La Guadeloupe*, t. II, face p. 517 et 581.

ments ouvriers "en dur" avec un minimum de confort (2-3 pièces, cuisine, salle d'eau, WC), pour lesquels ils obtiennent des subventions directes (FIDOM) ou indirectes (application du décret de 1952), mais leur nombre demeure limité et insuffisant : les Sucreries coloniales, qui emploient 800 salariés permanents sur leurs deux usines, construisent 150 logements de 1948 à 1953 et en prévoient 236 autres en 1955[35] ; la SIAPAP loge 618 familles sur les quelque 2.000 qui travaillent toute l'année sur ses domaines[36] ; à Beauport enfin, où "le logement ouvrier a toujours fait l'objet d'une grande attention de la part de la direction", la SAUB "procure un habitat à une bonne centaine des 2.500 personnes à son service"[37]. Dans tous les cas, ceci ne concerne donc qu'une proportion réduite du nombre théorique de bénéficiaires potentiels.

C'est donc sur un tableau bien peu souriant que se clôture ce chapitre. Le niveau et les conditions de vie et de travail dans la filière canne-sucre sont si mauvais que, même après vingt ans de croissance, la situation économique et matérielle de la population rurale de la Guadeloupe demeure encore très éloignée des standards que l'on serait en droit d'attendre dans un département français. Dans ces conditions, il n'est guère surprenant que les antagonismes sociaux soient extrêmement marqués, ni qu'éclatent périodiquement de grands conflits qui constituent la face sombre des Vingt glorieuses.

---

35. ANOM, 1 FIDES 1, dossier 5, demande de prêt, 21 février 1955.
36. Brochure intitulée *Société industrielle et agricole de la Pointe-à-Pitre*, publiée par la SIAPAP en 1960.
37. R. Gama, *Grand domaine sucrier*, vol. II-1, p. 518-519.

CHAPITRE V

LA BRUTALITE DES RELATIONS SOCIALES

C'est à dessein que nous reprenons ici le terme de "brutalité", employé précédemment pour caractériser les rapports sociaux dans la canne pendant les années 1930[1], parce que, malgré la départementalisation et la croissance, rien ne change véritablement à cet égard pendant la majeure partie des Vingt glorieuses. Toutes les catégories de travailleurs agricoles sont en situation d'antagonisme avec les usines pour la rémunération de leurs services. Il en résulte régulièrement de violents conflits, si violents, même, qu'ils tournent parfois au drame.

1. LES POINTS D'AFFRONTEMENT

• Le prix de la canne

C'est un problème récurrent depuis qu'existent des usines centrales achetant à l'extérieur tout ou partie de leur matière première. Dès 1868, avant même que Darboussier commence à fonctionner, un conflit éclate à ce sujet entre Ernest Souques, son fondateur, et les grands propriétaires blancs des habitations voisines qui se sont engagés à lui fournir des cannes[2]. Un siècle plus tard, on en est toujours au même point : les intérêts des deux parties sont structurellement antagonistes, mais en même temps si étroitement liés que le sort de l'une dépend directement de celui de l'autre, et inversement ; les deux prospèrent ensemble ou meurent ensemble. C'est ce que les acteurs de la filière métropolitaine de sucre de betterave ont compris dès l'entre-deux-guerres, avec la mise

1. Voir notre t. III, *Fluctuations et dépendances*, p. 191-199.
2. Ch. Schnakenbourg, *La Compagnie sucrière de la Pointe-à-Pitre (E. Souques & Cie). Histoire de l'usine Darboussier de 1867 à 1907*, Paris, L'Harmattan, 1997, p. 45-51.

en place, à partir de 1937, des mécanismes de "l'interprofession", au sein de laquelle propriétaires des fabriques et représentant des cultivateurs négocient le fonctionnement du marché et le prix de la betterave, souvent très rudement mais en parvenant toujours à des compromis satisfaisants pour les deux parties[3]. Dans les DOM en général, et en Guadeloupe plus encore qu'ailleurs, c'est la guerre, chacune des deux parties cherchant avant tout à renvoyer ses coûts et ses difficultés sur l'autre ; ce système durera tant que la croissance permettra de surmonter la contradiction ; il s'effondrera en même temps que l'industrie sucrière elle-même quand la conjoncture se retournera.

Dans son principe, le mode de fixation du prix de la canne est extrêmement simple[4]. On part du prix du sucre, auquel on ajoute ceux du rhum et de la mélasse ; on en déduit tous les frais de transport, assurance, taxes et autres commissions ; on y rajoute ensuite les primes et subventions éventuelles, et on partage la recette nette finale entre l'usine et ses fournisseurs. Depuis 1935, la part de ceux-ci est de 61,5 %; dans les années 1950, plusieurs tentatives pour la faire monter à 64 ou 65 %, comme à la Réunion, échouent. Ce prix guadeloupéen est un prix unique pour toutes les usines et toutes les cannes, à la différence de la Martinique, où il varie de 58 % à 65 % selon les usines et la qualité des cannes.

Le document contenant tous les éléments du calcul et sur lequel le prix est définitivement mis au propre porte le nom de "bordereau" ; extrêmement long et détaillé, il s'étend généralement sur quatre ou cinq pages dactylographiées. Nous reproduisons celui de 1954 dans le document n° 23.

La loi du 31 décembre 1927, dite "loi Jean-François", du nom du député guadeloupéen qui en est à l'origine, modifiée par celle du 19 février 1935, institue dans chacune des trois "vieilles colonies" insulaires, une "commission consultative du travail et de l'agriculture", chargée d'éclairer le gouverneur sur "les conditions d'achat et de règlement de la canne à sucre par les usines, de manière à assurer aux planteurs une

3. H. Cayre, *Vingt ans d'économie betterave-sucre*, p. 78-91.

4. *Rapport Bicheron*, p. 391-392 ; "Rapport Léger", p. 13-16 ; AN, 1984 0124/1, deux notes du Commissariat général à la productivité sur l'industrie sucrière aux Antilles (22 avril 1955) et dans les DOM (14 mai 1955).

Document n° 23

BORDEREAU DU PRIX DE LA CANNE EN 1954

I - *SUCRE EXPORTATION* :

Prix du sucre n° 3 Paris (Arr. m. du 26 nov. 53)					7.220 F
Valeur basse 97° moins déprime de 1 %					
72,20 x 96,08 =	6.936,97				
Escompte 0,25 %	17,34				
	6.919,63			Valeur délivrée port métropole	6.919,60
A déduire					
Fret la tonne : 4.972 – 10 % = 4.474,8 F					
- le quintal emballé : 447,48 x 1,01 =		451,95			
Assurance 1,165 % x 6.919,6 =		80,61			
Débarquement		130,40			
Courtage : 0,50 % x 6.919,6		34.59			
Commission : 1,50 % x 6.919,6		103,79			
		801,34			801,34
Valeur FOB emballée					6.118,26
Frais d'embarquement :					
Mise à bord : $\frac{1.340 + 743}{2}$ =	1.041				
Droit de port :	40				
Stationnement et magasinage $\frac{150}{2}$	75				
	1.156	1.156			
Majoration p/ paiement s/poids brut		11,56			
T.C.A. : 9,05 s/1.041		94			
		1.261,56 le quintal			
Frais d'approche à port embarquement			126,15		
33 x 24 x 0,10 =			79,20		
Emballage			176,75		
Récupération			68		
			108,75	108,75	
					314,10
Valeur nu usine					5.804,16
Versé par l'interprofession aux sucres des D.O.M. en conséquence de la parité sucre betterave à la production sucre de canne délivré quai métropole (Art. 21 du) (26-II-53)				221	
Subvention pour compensation frais d'approche				450	
Détaxe du chiffre d'affaire sur les frais d'approche (Art. 21 dec. 13 fév. 52)				170	
					+841
Redevance pour frais de conservation					6.645
$\frac{216.000.000}{300.000}$ au quintal :				72	
Péréquation des charges d'exportation :				300	
					- 372
Valeur de réalisation du quintal nu usine :					6.273

II - *SUCRE CONSOMMATION LOCALE* :

Prix sucre logé usine le quintal :		6.957	
Valeur sacherie	176,75		
Récupération	100		
		76,75	
			6.880,25

°

° °

III - *RHUM EXPORTATION* :

Valeur de réalisation de l'hect. nu FOB à 55°			10.500
A déduire :			
Embarquement, droit de port, station, magasinage :		145	
Frais d'approche		134	
		279	
Courtage	10.500 x 0,50 %	52,50	
Commission	10.500 x 30 %	315	
		646,50	646,50
			9.853,50

IV - *RHUM CONSOMMATION LOCALE* :

Valeur de réalisation nu robinet à 59° l'hectolitre		7.500
Soit	à 55° : $\frac{7.500 \times 59}{55}$	8.045

V - *RHUM SURTAXES* :

Valeur de réalisation nu FOB à 54° l'hect. 7.000

A déduire :				
Embarquement, droit de port, stationnement		145		
Courtage	7.000 x 0,50 %	35		
Frais d'approche		134		
Commission	7.000 x 3 %	210		
			524	
			6.476	
Soit à 55° : $\frac{6.474 \times 54}{55}$				6.358, 25

VI - *MELASSES*

Valeur du gallon : 3,50 x 7,60 =	26,60		
Soit le litre : $\frac{26,60}{3.785}$ =	7,02		
A déduire :			
Transport au tank à 1.600 F la tonne			
1,60 x 1,4 =	2,24		
Location tank	0,35		
Livraison au bateau	0,25		
		2,84	
Valeur nette du litre de mélasse départ usine			4,18

VII - *RENDEMENT*

Sucre : 93,4 k		
Exportation	102.666, 59 t	(Statist. Douane)
Cons. Locale	4.000	(Arr. 5/5 54 modifié)
TOTAL :	106.666,59 t	

Dans 93,4 k il y a : $\frac{102.666 \times 93,4}{106.666}$ ou 89,9 k de sucre exportation

et : $\frac{4.000 \times 93,4}{106.666}$ ou 3,50 k de sucre cons. locale

Le tonnage de cannes broyées s'est élevé à 1.103.289, 875 t.

RHUM

Rendement en mélasse par tonne de cannes 25 litres

Rendement en rhum par tonne de cannes $\frac{25 \times 60}{100}$ = 15 l à 55°

RHUM EXPORTATION : Contingent 47.141,04 H.A.P.

(décret du 7 février 1929) Ou 85.70 hect à 55°

Nombre de trances débloquées : 8

RHUM CONSOMMATION LOCALE : Contingent : 7.821,57 hect.

ou 8.390 hect à 55°

Nombre de trances débloquées : 46 %

RHUM SURTAXE LIVRE : 4.667,65 H.A.P. ou 8.486,63 à 55°

Soit à la tonne de cannes :

Exportation :	$\frac{8.571.098 \times 18}{1.103.289, 87510}$ = 6,2 - 5 % =		5,189
Consommation locale :	$\frac{8.390,41}{1.103.289, 875}$	X $\frac{46}{100}$ =	0,135
Surtaxe :	$\frac{848,663}{1.103.289,875}$ = 0,77 - 5 % =		0,163
			6,187

La différence 15 l - 6,87 ou 8,13 l correspond à :

8,13 x $\frac{100}{60}$ = 13,55 l de mélasse non transformée :

°

° °

VIII - *Valeur nette des produits tirés d'une tonne de cannes*

Sucre d'exportation	89,90	x	62,73	=	5.639,42
Sucre consommation locale	3,50	x	68,80	=	240,80
Rhum exportation	5,89	x	98,53	=	580,34
Rhum cons. Locale	0,35	x	80,45	=	28,57
Rhum surtaxé	0,63	x	63,58	=	40,05
Mélasse	13,55	x	4,18	=	56,63
					6.585,81

IX- *PART DU PLANTEUR*

$\frac{6.585,81 \times 61,5}{100}$ = 4.050, 27

Source : ADG, s. c. 2079, service des affaires économiques de la préfecture ; document reproduit tel quel sauf quelques petites corrections marginales destinées à faciliter la lecture.

Unités : Francs d'avant la réforme monétaire de 1959 = Anciens Francs (Voir *supra*, chap. I, note (a) du tableau n° 4).

équitable rémunération" ; si un accord intervient en son sein, le gouverneur reprend et entérine le prix proposé, sinon il lui appartient de fixer celui-ci d'autorité en fonction des éléments dont il dispose. Après la départementalisation, ce pouvoir passe dans les compétences du préfet.

Cette commission est paritaire ; elle réunit, sous la présidence du directeur départemental de l'Agriculture, représentants des usiniers et des planteurs. Les premiers sont représentés par le Syndicat de producteurs et exportateurs de sucre de la Guadeloupe, dans lequel les trois sociétés métropolitaines jouent un rôle prépondérant ; leur délégation est peu nombreuse mais soudée et maîtrise parfaitement la réglementation et les chiffres. Les choses sont beaucoup plus compliquées pour les représentants des planteurs, chez qui règnent l'inorganisation et la division. Il existe bien une Fédération (ou une Confédération) des producteurs de canne, mais elle semble ne représenter que les grands et moyens planteurs ; les petits sont regroupés dans 35 syndicats à base communale, dont les dirigeants sont pleins de bonne volonté mais n'ont pas toujours les connaissances nécessaires pour mener à bien des négociations difficiles (certains sont même illettrés). D'autre part, à partir de 1956, on voit également la FDSEA intervenir dans les débats sur le prix de la canne, mais on ne comprend pas bien, à travers les documents disponibles, comment elle s'articule avec les autres organisations. On a beaucoup de mal à suivre les fluctuations organisationnelles du milieu des planteurs et à comprendre comment sont finalement désignés leurs représentants[5].

La commission se réunit chaque année, en principe avant l'ouverture de la campagne. Compte tenu du fait que la réalisation des sucres intervient jusqu'à plusieurs mois après la livraison des cannes et la fabrication, la procédure se déroule en deux phases. La première consiste à fixer un prix provisoire pour la campagne qui commence, en fonction de ce que l'on peut savoir ou raisonnablement supposer à son sujet et des résultats de la précédente ; c'est ce prix qui est payé immédiatement quand les planteurs livrent leurs cannes, comme un acompte sur le prix définitif, qui ne pourra être fixé que lorsque tous les éléments permet-

5. On trouve divers documents dépareillés dans les dossiers des campagnes 1946 à 1957, conservés dans ADG, s. c. 288, 385, 410, 458, 2074 à 2084, quelques indications dans AN, 1984 0124/1, rapport de l'expert L. Marchal sur la production sucrière dans les DOM et son marché, février 1954.

tant son calcul seront connus, c'est-à-dire, en gros, un an plus tard. Le second temps de la (des) réunion(s) de la commission est donc consacré à fixer le prix définitif de la campagne précédente. Très simple dans son principe, ce schéma est en réalité extrêmement difficile à appliquer en pratique ; les réunions de la commission sont lourdement conflictuelles pour trois raisons.

La première, et de très loin la plus importante, réside dans les termes mêmes de la négociation. Alors que dans les discussions entre fabricants de sucre et planteurs de betterave on part du coût de production de la matière première établi par des instances techniques paritaires, ici c'est le prix du sucre qui sert de base, c'est-à-dire un élément qu'aucune des deux parties ne maîtrise ; jusqu'à la fin des années 1960, il est impossible de calculer le coût de production de la canne, tant sont difficiles à connaître les éléments du calcul et divergentes les conditions de la production d'une catégorie de planteurs à l'autre. Quand on fixe le prix provisoire, qui est celui auquel les planteurs attachent le plus d'importance, parce qu'il constitue la rémunération immédiate de leur travail des douze derniers mois, on n'a en réalité que très peu d'éléments objectifs pour le faire, puisqu'on ne connaît ni le volume futur de la production (un accident climatique est toujours possible pendant la récolte), ni le prix des réalisations pour la campagne qui débute ; on ne peut se baser que sur des estimations. Il s'ensuit que chacune des deux parties arrive avec son propre bordereau, dans lequel elle gonfle au maximum les éléments de calcul les plus favorables pour elle et réduit au minimum ceux de l'adversaire ; et l'administration apporte également le sien, situé entre les deux, mais généralement plus proche de celui des usiniers que des planteurs. La discussion est biaisée. Faute d'une organisation professionnelle suffisamment structurée, les planteurs ne disposent pas de la plupart des éléments du calcul et doivent donc reprendre ceux des usiniers, mais en contrepartie exigent un prix de la canne si élevé qu'il excède parfois même celui du sucre que l'on pourrait en extraire[6] ; au bout du compte, un écart pouvant aller du simple au triple sépare toujours les deux bordereaux. Après un ou deux jours de dialogue de sourds, le préfet fixe lui-même le prix provisoire, qui reprend presque toujours celui proposé par ses services. La fixation

6. Sur tout ce qui précède, voir la longue lettre du préfet Villeger au secrétariat d'Etat aux Affaires économiques du 19 février 1951, dans ADG, s. c. 410.

du prix définitif de la campagne précédente est généralement moins problématique dans la mesure où l'on dispose d'éléments objectifs d'actualisation. Elle donne néanmoins parfois lieu à des difficultés quand, exceptionnellement, le prix définitif est inférieur au provisoire fixé un an plus tôt ; en bonne logique comptable, les usines devraient exiger le remboursement des sommes indues ou les retenir sur le prix de la campagne suivante, mais elles s'abstiennent évidemment de le faire[7].

Une seconde difficulté survient lorsque les sociétés sucrières essaient de s'affranchir du principe de l'unicité du prix de la canne. De 1947 à 1951, un long combat mobilise les planteurs pour faire supprimer une réfaction de 15 % sur le prix de certaines espèces de canne pauvres en sucre[8]. En 1954 et 1955, les usines prétendent imposer deux prix : celui pour les cannes dites "contingentées" servant à fabriquer le quota de production bénéficiant d'un débouché garanti dans le cadre du contingentement mis en place en 1953 (*chap. 3*) et celui, inférieur, pour les cannes "non contingentées". Elles échouent devant la mobilisation des planteurs.

Enfin, les planteurs se plaignent du retard mis par les usines à leur régler le solde du prix définitif. Normalement, celui-ci devrait être payé au plus tard un an après avoir été fixé, au début de la campagne précédente. Mais en pratique, il semble que ce ne soit jamais le cas et que les fournisseurs de canne doivent attendre le plus souvent autour de quinze mois pour obtenir ce qui leur est dû. C'est évidemment un moyen pour les sociétés sucrières de se faire de la trésorerie à bon compte. Mais elles ne sont pas toujours responsables de cette situation ; en décembre 1952, le prix définitif pour la campagne 1951 n'a toujours pas été fixé (près d'un an de retard) parce que la préfecture n'a pas encore tranché entre les demandes des deux parties[9].

Outre le prix de la canne, un autre problème pollue en permanence les relations entre usiniers et fournisseurs de canne : celui de la pesée.

7. *Ibid*, id° : "Une telle situation provoquerait une émotion considérable susceptible d'engendrer des troubles ... Il est bien évident dans l'esprit des planteurs que les prix définitifs doivent toujours donner lieu au paiement par les usines d'un complément du prix provisoire".
8. ADG, s. c. 2074, dossiers des campagnes.
9. ADG, s. c. 2075, dossiers de la campagne.

Les balances où sont reçues les livraisons des planteurs appartiennent toutes aux usines et ne sont pas munies d'un système automatique d'enregistrement des poids ; jusqu'au début des années 1960, il n'existe pas de service des Poids & Mesures aux Antilles pour contrôler les matériels et les opérations de pesage. "C'est une opinion répandue" ..., note diplomatiquement le "Rapport Léger", "que certaines usines de la Guadeloupe pourraient bien pratiquer la fraude à la bascule, si fréquente dans les pays coloniaux". Mais les planteurs se mettent moins de gants, qui parlent de "détournement", de "trucage", de "vol" ...

• **Les conditions du colonage**[10]

Il s'agit là d'un problème essentiel dans la mesure où les colons partiaires jouent un rôle majeur et croissant dans l'approvisionnement des usines, fournissant près de 12 % des cannes que celles-ci manipulent en 1953 et plus de 17 % douze ans plus tard, à l'apogée (*tableau n° 13*). Leur nombre est mal connu et semble d'ailleurs varier d'une année sur l'autre ; selon les auteurs et les rapports, les estimations s' étendent entre 5.000 et 8.000. La mieux étayée, parce que reposant sur de longues et minutieuses enquêtes de terrain, est celle de Guy Lasserre. C'est en Grande-Terre que l'institution est la plus développée : 5.500 colons sur la moyenne des années 1954 à 1958, dont 2.500 à Beauport, 700 à Blanchet, 850 sur les habitations de Darboussier, 620 à Gardel, 350 à Sainte-Marthe, 325 à Courcelles ; il faut en ajouter un millier environ à Marie-Galante et quelques centaines dans les zones sucrières de la Basse-Terre. Total : autour de 7.000.

Les auteurs des années 1950 et 1960 décrivent invariablement le colonage partiaire comme "une sorte de métayage". Ceci n'est vrai qu'à partir de 1965, quand est enfin publié le décret d'application du titre IV de la loi du 2 août 1961 faisant entrer ce type de contrat dans le droit commun métropolitain du métayage, tel que régi par le Code rural. Antérieurement ce "métayage" place si fortement le colon dans la dépendance de l'usine qu'il est difficile de le tenir pour tel ; les rapports entre le "bailleur", propriétaire de la terre, et le "preneur", qui la loue, sont

10. A. Cointet, *Culture de la canne*, p. 72-74 ; G. Lasserre, *La Guadeloupe*, t. II, p. 490-497 ; R. Gama, *Grand domaine sucrier*, vol. II-1, p. 381-407.

absolument déséquilibrés. Le déséquilibre concerne tout à la fois les conditions d'attribution des lots, celles de la mise en valeur, le mode de vie du colon et le partage de la récolte.

S'agissant tout d'abord des conditions dans lesquelles une usine concède une parcelle en colonage, aucun texte jusqu'en 1961 n'impose la rédaction d'un contrat. Au XIXe siècle, les deux parties se contentent toujours d'un simple accord verbal ; les premiers contrats écrits apparaissent en 1917 à Beauport et après la Première Guerre mondiale à la SIAPAP, mais il faut attendre après la Deuxième Guerre pour que la forme écrite se généralise à toutes les usines. Ce sont des contrats-type, dont les clauses sont fixées unilatéralement par le bailleur et au bas desquels le colon n'a d'autre choix que d'apposer son nom ou mettre une croix. Les parcelles sont toujours de très petites dimensions, entre 2 et 2,5 ha le plus souvent, fréquemment moins, 5 au grand maximum ; les usines considèrent qu'au-delà de ce seuil les colons pourraient vivre "trop" bien, uniquement du produit de leurs cultures, et n'accepteraient plus, dès lors, de s'embaucher comme main-d'œuvre volante sur les habitations en FVD quand elles en ont besoin. La durée du bail est généralement de trois, six ou neuf ans, avec tacite reconduction. Mais le propriétaire jouit du privilège exorbitant de pouvoir y mettre fin à tout moment sans avoir besoin de justifier sa décision, en avertissant simplement le colon avec un mois de préavis ; dans ce cas, celui-ci doit enlever sa case et déguerpir, sans autre droit que d'être indemnisé à dire d'expert pour la part lui revenant dans les cannes qu'il doit abandonner.

Pour l'exploitation de sa parcelle, le colon est complètement dépendant du bailleur. Il n'est évidemment pas surprenant que le contrat l'oblige à cultiver en canne la terre qui lui a été concédée et à livrer toute sa récolte à l'usine. Il effectue toutes les opérations de culture (labour, plantation, sarclage et coupe), ainsi que le transport de ses cannes jusqu'aux balances ; il arrive parfois que l'usine fasse labourer les terres en colonage par ses tracteurs quand la topographie le permet, mais elle en ajoute le coût à la redevance. Le travail du colon est enserré dans tout un ensemble de contraintes, qui ne lui laissent pratiquement aucune liberté de choix dans l'organisation et les résultats. Le contrat l'oblige à atteindre un rendement minimum de canne, même s'il est vrai qu'il est très bas, de l'ordre des 25 à 30 t/ha ; si, pour être sûr qu'il y parvienne, l'usine lui fournit des plants de variétés sélectionnées et des engrais, elle déduit leur prix des sommes à lui dues en fin de campagne. Naturellement, c'est l'usine qui fixe le moment de la coupe de chaque parcelle en colonage, afin de s'assurer d'un approvisionnement régulier des moulins.

La situation du colon est tellement contrainte qu'elle pèse même sur sa vie quotidienne. Les contrats prévoient toujours qu'il disposera, à l'intérieur de la parcelle, d'une portion de terre pour installer une case et y pratiquer des cultures vivrières et un petit élevage. Mais la case doit être "non adhérante" au sol, de façon à pouvoir être enlevée en fin de bail, aux frais du colon. Pour ce qui concerne la superficie de cette portion de terre "en jardin et savane", les contrats la limitent généralement à 10 % du total de celle de la parcelle concédée, mais les usines font preuve d'une certaine souplesse si les plantations de canne sont satisfaisantes, et il n'est pas rare qu'elle dépasse largement cette proportion (jusqu'à 30 et 40 %). Par contre, les clauses concernant l'élevage pèsent lourdement sur les colons. S'ils veulent posséder des bœufs, il leur faut l'autorisation de l'usine, le nombre d'animaux est limité (généralement deux par hectare), et ils doivent impérativement être attachés pour éviter qu'ils aillent manger les cannes (les amendes sont lourdes), d'où le triste spectacle de ces bêtes étiques, broutant une herbe rare et desséchées sur le bord des routes de la Grande-Terre pendant le Carême. Mais le plus grave, dans la situation du colon, réside dans le fait qu'il n'est même pas complètement libre de ses travaux et de ses jours. Il ne peut pas s'embaucher comme journalier hors du domaine de l'usine sans l'autorisation de celle-ci, et, sur certains centres manquant de main-d'œuvre, comme Beauport et Sainte-Marthe, le bailleur a le droit d'exiger de lui, moyennant salaire, le concours de ses bras pour travailler sur le FVD "toutes les fois qu'il le jugera nécessaire".

La clause essentielle du contrat est évidemment celle concernant la "redevance de colonage", c'est-à-dire la part du produit de la récolte revenant à l'usine, calculée au prix officiel de la canne. Son montant dépend tout d'abord des autres stipulations du bail ; il est plus élevé si l'usine prend à sa charge une partie des façons culturales (labours, fourniture de plants et d'engrais ...). Mais il est surtout fonction du rapport des forces existant localement entre les parties. En Basse-Terre et dans les régions de la Grande-Terre situées en bordure des Grands-Fonds, où les conditions topographiques permettent le développement d'une agriculture vivrière nourrissant une population dense, les usines n'ont guère la possibilité de se montrer exigeantes si elles veulent recruter des colons ; ici, la redevance est faible et en diminution, passant de 20-25 % avant la guerre à 10 % dans les années 1950. Inversement, dans les régions très étroitement soumises au pouvoir de l'Usine, la redevance est beaucoup plus élevée. Dans le Nord de la Grande-Terre, où le foncier est presque entièrement monopolisé par la SAUB, Beauport peut non seulement exiger de ses colons qu'ils lui fournissent des journées de travail, mais encore porter unilatéralement son prélèvement sur leurs récoltes de 10 à 15 % en 1952 ; à Marie-Galante, où il n'y a pratiquement aucun autre moyen de gagner sa vie en dehors de la canne, la part de l'usine atteint 20 % au Robert, pourtant propriété publique du Département, et 25 % à Grande-Anse.

On peut reprendre ici l'expression de Raymond Gama, qui qualifie le colonage de "compromis colonial" : pour des paysans sans terre, c'est la possibilité (l'illusion ?) d'accéder d'une certaine façon à celle-ci, de disposer d'une certaine indépendance, et donc d'échapper en partie à la triste condition prolétarienne "pure" du journalier qui n'a que ses bras pour vivre ; pour les usines, c'est un moyen peu coûteux de faire mettre en valeur, même avec de médiocres résultats à l'hectare, des terres qu'il ne serait pas rentable de cultiver en FVD (trop éloignées ou situées en mornes), tout en disposant sur place d'une réserve de main-d'œuvre en cas de nécessité. Mais ce "compromis" est tellement boiteux que le colonage est aussi un combat, en raison des très fortes réminiscences de l'esclavage qu'il charrie avec lui comme la possibilité pour le propriétaire (le maître ?) de "punir" à tout moment le colon, sinon physiquement, du moins par l'expulsion. Il y a évidemment là un énorme moyen de pression sur les colons, d'autant plus que, en cas d'expulsion, ils n'ont droit à aucune indemnité pour les cultures vivrières qu'ils laissent derrière eux. De là à dire que le colonage serait un facteur de "stabilité sociale" dans les campagnes guadeloupéennes (!), c'est un pas que n'hésitent pourtant pas à franchir Cointet et Lasserre en observant que les travailleurs ruraux sont beaucoup plus combatifs dans les régions où le colonage est peu développé (Nord de la Basse-Terre), parce que leur dépendance envers l'usine est moins grande.

Mais même alors la dépendance demeure, parce que c'est l'usine seule qui maîtrise tous les paramètres de l'activité et du revenu des colons. Evidemment, il n'est pas scandaleux qu'elle oriente leur travail dans le sens d'une plus grande efficacité, en les conseillant, en leur fournissant plants sélectionnés et engrais, mais les inspecteurs agricoles qui les visitent périodiquement sont aussi chargés de les surveiller et éventuellement de leur imposer des méthodes de travail qu'ils n'ont peut-être pas envie de suivre ; il ne reste alors pas grand-chose du semblant d'indépendance qu'est censé apporter le colonage. N'oublions pas d'autre part que, dans le décompte final du produit de la récolte, c'est l'usine qui énonce seule le prix des "intrants" fournis au colon, sans oublier l'éternelle suspicion de trucage de la pesée des cannes au moment de la livraison aux balances. Mais le plus grave est surtout que les colons ne sont jamais absolument certains de vendre la totalité de leur récolte. En principe, l'usine doit recevoir toutes les cannes qu'ils lui apportent, mais, si elle ne peut le faire en raison d'une interruption prolongée de la fabrication (panne, grève) ou d'une récolte exceptionnellement abondante (1962), ils n'ont droit à aucune indemnité. A Grande-Anse, dont la capacité de broyage est insuffisante et que son propriétaire, André Bon, ne cherche nullement à accroître, la précarité constitue pratiquement un mode de gestion du colonage, ainsi que le montre Guy Lasserre, dont la prudente neutralité du style universitaire ne dissimule pas l'extrême violence de la situation faite aux colons : "L'usine ne garantit aucunement l'achat de leurs cannes. En moyenne, deux ou trois récoltes sur cinq ne peuvent être entièrement achetées ; les colons perdent alors plus du tiers du revenu sur lequel ils comptaient. Par contre, même sur un achat partiel de récolte, l'usine a la liberté de retenir la totalité des sommes dues par le colon pour les labours et la fourniture d'engrais"[11].

On conçoit, dans ces conditions, que les colons cherchent par tous les moyens à desserrer l'étau. Les usines se plaignent énormément de leur "indocilité". Ainsi donnent-ils systématiquement la priorité à leurs propres cultures sur les travaux des habitations, même quand le contrat leur fait obligation de répondre à tout moment aux convocations de l'usine pour venir travailler sur le FVD. Une grande indiscipline s'observe également dans le respect du calendrier de livraison des cannes. Les colons choisissent le moment de la coupe de leurs parcelles davantage en fonction de leur maturité que des instructions des usines ; il

11. G. Lasserre, *La Guadeloupe*, t. II, p. 584.

s'ensuit que, certains jours, les balances sont presque désertes et les moulins manquent de canne, alors que, à d'autres moments, colons et planteurs se bousculent pour livrer leurs récoltes, en attendant des heures sous le soleil pendant que les cannes perdent de leur richesse et que les moulins tournent trop vite pour pouvoir tout broyer efficacement. Cette irrégularité dans les livraisons, qui ne peut pas toujours être compensée par les apports en provenance du FVD, surtout en fin de campagne, pèse sur le fonctionnement de l'usine et alourdit les coûts. A côté, l'indocilité, note Guy Lasserre, se manifeste également "dans la constante politique d'empiétement suivie par de nombreux colons aux dépens des terres de l'usine : cultures vivrières dérobées..., dégâts causés par les bêtes vagabondes aux cannes d'habitation", voire même vol de ces mêmes cannes pour les vendre à une distillerie. Mais cette dernière forme de résistance à l'usine est assez dangereuse pour le colon qui se fait prendre, de même que le détournement d'une partie de sa propre production vers un autre manipulateur sans payer la redevance de colonage. En période de récolte, les colons sont beaucoup trop surveillés pour que de telles pratiques soient possibles sur une large échelle.

Face à tous ces comportements, les usines sont désormais très mal armées. Avant 1939, elles faisaient expulser les colons par des hommes de main sans autre forme de procès. Ainsi essayent-elles encore de faire dans les années de l'immédiat après-guerre, mais avec beaucoup moins de "réussite" en raison de la résistance manifestée par l'ensemble des travailleurs ruraux, qui n'acceptent plus d'être traités de la sorte ; c'est là la principale raison de la participation extrêmement active des colons aux grandes grèves de 1948 et 1952 (*infra*), alors que, traditionnellement, ils se tenaient en retrait en raison des risques de répression qui les menaçaient tout spécialement. Après cette dernière date, les expulsions cessent presque complétement. Les usines préfèrent demander le concours de la force publique, mais le préfet ne l'accorde qu'exceptionnellement par crainte des troubles qui pourraient en résulter.

D'ailleurs, tout au long de la décennie 1950, la pression ne cesse de monter de toutes parts (FDSEA, députés, préfets) pour aligner le colonage aux Antilles sur le droit commun du métayage en métropole, à l'instar de ce qui avait déjà été accordé à la Réunion en 1945. Le titre IV de la loi du 2 août 1961 sur la réforme foncière dans les DOM et son décret d'application du 17 avril 1965 donnent enfin satisfaction aux colons. Globalement, ce texte répond bien à leurs revendications, principalement en introduisant une sécurité juridique dans leurs relations avec le bailleur, comme la nécessité d'un contrat écrit, avec une réglementation très précise des clauses qu'il doit contenir ou sur la portion de terre dite "en jouissance exclusive", consacrée aux cultures vivrières et à l'élevage, qui, de pure libéralité de l'usine qu'elle était antérieurement, devient désormais un droit pour le colon ou encore sur le remboursement en fin de bail des travaux et améliorations faits par le preneur. Certaines dispositions de la loi améliorent considérablement le sort du colon, comme celle qui porte la durée minimum du bail à six ans ou encore le droit de préemption qui lui est reconnu en cas de vente de la parcelle à lui concédée. D'autres enfin constituent une véritable libération pour le colon : il peut désormais vendre sa récolte ailleurs qu'à l'usine dont il dépend si celle-ci ne peut la lui acheter en totalité ; il ne peut être contraint à travailler sur les habitations en FVD du domaine et, surtout, il ne peut plus être expulsé arbitrairement : comme dans le droit commun du métayage, il faut maintenant une décision de justice.

Pour autant, tout n'est pas entièrement satisfaisant dans ces textes. Outre le fait qu'il a fallu attendre quatre ans la publication du décret d'application, certaines dispositions continuent comme avant de consacrer la dépendance du colon, même si elle est maintenant moins lourde. Enfin, il est pour le moins curieux que la part de l'usine dans le produit de la terre en colonage soit limitée à ... un tiers (!), alors que cette proportion n'est plus appliquée nulle part aux Antilles, même à Marie-Galante, depuis l'après-Première Guerre mondiale. En tout cas, dans les années 1970, lorsque le paiement des cannes à la richesse finira par s'imposer en Guadeloupe, les usines sauront habilement jouer de cette disposition pour accroître de fait leurs redevances.

• **La détermination et la rémunération de la tâche**

La tâche, nous l'avons vu, constitue le fondement même du rapport salarial dans la culture de la canne. Tout ce qui la concerne fait donc l'objet de vifs débats entre les usines et leurs salariés agricoles ; la dizaine d'années qui suit la fin de la guerre est particulièrement chargée à cet égard.

Jusqu'en 1935, il n'y a pas de règle ; le contenu des différentes tâches ainsi que les rémunérations correspondantes sont définis unilatéralement par les usines et appliqués sans discussion aux travailleurs. Il n'y a pas non plus d'unité ; la situation varie d'une usine à l'autre, en fonction du rapport des forces local avec leurs salariés. Les tâches sont plus lourdes et les salaires plus bas sur les centres où il n'y a pratiquement pas d'emploi en dehors de la canne, comme à Beauport, Sainte-Marthe ou Grande-Anse et, inversement, elles sont plus légères là où existent à proximité des possibilités de développer une agriculture vivrière de résistance (Blanchet, Marquisat, Bonne-Mère). En période de crise (début du XXe siècle, années 1930), les usines fixent souvent les tâches à un niveau tel qu'il faut plus d'une journée pour en venir à bout, avec des journées faisant fréquemment dix heures et plus[12]. En principe, l'administration n'intervient pas dans ces questions. En cas de conflit, elle peut faciliter des négociations, proposer son arbitrage, mais n'a pas la possibilité d'imposer une solution.

C'est seulement avec le Front Populaire qu'elle reçoit les pouvoirs nécessaires. Le rôle de Félix Eboué est essentiel ici par la pression qu'il met sur les usiniers, non seulement en leur imposant deux fortes augmentations des salaires nominaux, en 1936 et 1937, mais surtout en mettant en application dans la colonie la limitation à 40 heures par semaine de la durée légale du travail, instaurée en métropole par la loi du 21 juin 1936. La traduction de cette mesure dans la fixation du quantum des tâches va se révéler extrêmement difficile, les usiniers freinant des quatre fers pour l'empêcher ; ce sera l'une des principales causes de la grande vague de grèves qui agitent la campagne 1937. C'est seulement deux ans plus tard, après le départ d'Eboué mais en conséquence de son engagement en leur faveur, que les travailleurs obtiennent satisfaction. Pour la première fois depuis l'abolition de l'esclavage, la tâche est fixée strictement ("sentence surarbitrale" du président de la cour d'appel Faccendini). Le quantum pour la coupe est fixé à 4.200 kg ou 4.200 m pour les cannes plantées, soit pratiquement ce que demandaient les usiniers[13] ; mais, pour autant, il n'est pas encore question de journée de huit heures. Dans l'immédiat, de toutes façons, la mesure n'est pas ap-

12. Sur tout ceci, voir notre t. III, *Fluctuations et dépendance*, p. 76 et 181-182.
13. *Ibid.*, p. 195-196.

pliquée bien longtemps ; suspendue par le gouverneur du régime de Vichy, elle n'est pas rétablie avant 1946.

Entre-temps, la situation et les esprits ont évolué. La départementalisation encourage les travailleurs dans leur revendication de la journée de huit heures, accompagnée d'une fixation des tâches à un niveau tel qu'elles puissent être effectuées dans ce laps de temps. De leur côté, les usiniers, qui, en cette fin des années 1940, bénéficient d'une très forte demande en provenance d'une France manquant de sucre, essaient d'imposer à leurs travailleurs un maximum de temps de présence en jouant sur l'ambiguïté entre quantum des tâches et journée de huit heures. Il s'ensuit, au début de 1948, un très important mouvement de grève qui retarde de deux mois l'ouverture de la campagne (*infra*) et dont le principal objectif, outre l'augmentation des salaires, est précisément de mettre fin à cette ambiguïté et d'obtenir l'équivalence définitive : "une tâche = huit heures"[14]. Satisfaction est donnée aux travailleurs, d'abord à titre provisoire pour la campagne 1948, puis de façon permanente par décision ministérielle, rendue exécutoire par l'arrêté préfectoral du 3 mars de l'année suivante ; en même temps, le contenu de chacune des 55 tâches recensées alors est défini très précisément. En contrepartie toutefois, les usiniers n'ont pas trop à se plaindre de la solution retenue. Pour la coupe, la tâche au poids demeure à 4.200 kg, mais elle est portée de 4.200 à 5.000 m quand elle est fixée "à la longueur" ; ce dernier mode de calcul finira par se généraliser comme étant le plus facile à contrôler, tant par les commandeurs que les coupeurs eux-mêmes[15]. Par la suite, la liste et le contenu des tâches seront modifiés au fur et à mesure des transformations des façons culturales sous l'impact de la mécanisation (1957, 1963, 1971) ; bien sûr, en ces différentes occasions, les usiniers essaieront de "grignoter" un peu sur le quantum des tâches, mais, globalement, les définitions retenues en 1949 demeureront pratiquement inchangées jusqu'à la disparition des opérations manuelles de culture.

Contrairement à ce qu'espérait sans doute l'administration, ces décisions ne suffisent pas à mettre un terme aux débats autour de la tâche.

---

14. ADG, s. c. 458, dossier de la campagne.
15. Sur tout ceci, G. Lasserre, *La Guadeloupe*, t. II, p. 505-506 et 512, et ADG, s. c. 288, dossier de la campagne 1949.

Car il reste un problème de fond : celui de sa plus ou moins grande faisabilité. De multiples facteurs déterminent en effet le temps nécessaire pour l'effectuer ; ainsi dans la coupe, il dépend "de l'habileté des ouvriers, de la propreté du champ" (selon qu'il est plus ou moins envahi d'herbes) "et de la dureté de la canne (première culture ou rejeton)". Pour les usines, la durée réglementaire de huit heures est tout à fait excessive ; leur estimation, basée sur diverses expériences faites avec des coupeurs entraînés, se situe entre quatre et sept heures. Il serait donc possible de faire trois tâches en deux jours[16]. Leur objectif ici n'est évidemment pas d'économiser directement sur le coût du travail[17], mais d'accélérer la coupe et le rythme de l'apport des cannes d'habitations aux moulins, donc de diminuer la durée de la campagne.

On imagine bien que cette façon de voir n'est pas celle des organisations ouvrières. Le *Rapport Bicheron* leur donne longuement la parole : "si elles reconnaissent comme valable le fait que le volume de la production dépend, en partie, de celui de l'approvisionnement en cannes, leurs avis diffèrent quant au rendement et au nombre de tâches à exécuter par semaine. Elles indiquent que le rendement est en rapport avec le climat et que l'ouvrier antillais français supporte la comparaison avec les travailleurs des îles voisines. Elles disent aussi qu'il y a le fait des intempéries, dont il n'est pas fait état dans l'argumentation patronale : la saison n'est pas toujours aussi sèche que l'on veut bien le dire. Par ailleurs, elles jugent que la durée de quatre à cinq heures avancée est en contradiction avec la vérité ; s'il est exact que certains ouvriers font leur tâche en cinq heures, cela dépend surtout de la plantation. En général, la durée de la tâche est de six heures, mais, dans des plantations sales, elle peut durer jusqu'à onze heures ... En outre, les organisations ouvrières estiment qu'il est impossible de faire trois tâches en deux jours, étant donné la fatigue provoquée par le travail de la coupe". Ce travail est en effet particulièrement dur physiquement. Un coupeur donne environ 10.000 coups de coutelas par jour "sans tenir compte de ceux donnés pour débroussailler" ; une attacheuse passe sa journée pliée en deux

---

16. *Rapport Bicheron*, p. 390 et 413 ; G. Lasserre, *La Guadeloupe*, t. II, p. 509.
17. Il est indifférent pour l'usine, en termes de masse salariale, que trois tâches soient effectuées en deux jours au lieu de trois ; cela ne diminue pas leur coût total. Au contraire, il faut même payer une prime aux travailleurs pour qu'ils consentent cet effort supplémentaire.

à faire des "amarres" avec des feuilles de canne, puis à ramasser les bouts de canne et à les lier en paquets, le tout dans une poussière épaisse qui pique les yeux, dessèche les gosiers et surtout envahit les poumons ; on imagine l'état de fatigue de ces travailleurs en fin de journée, d'épuisement en fin de campagne, de délabrement en fin de vie. Il faut qu'ils soient vraiment dans une situation matérielle de grande détresse pour "remettre ça" le jour même. De toutes façons, avec la montée du chômage et la nécessité de partager le travail, la question disparaît de l'actualité.

Les usiniers n'accepteront que très difficilement la nouvelle situation née de la fixation stricte du contenu et de la durée des tâches, qui limite leurs possibilités de rejeter leurs difficultés sur les salariés en cas de crise. C'est à cela que renvoient leurs plaintes sur la "faiblesse de rendement", l'"absentéisme" ou le peu d'ardeur au travail de la main-d'oeuvre[18], avec, sous-jacente, cette idée que des tâches "trop généreusement" définies et "trop bien "payées pour le nombre d'heures effectivement nécessaires pour les faire n'incitent pas les travailleurs à aller au-delà du minimum d'efforts indispensables à la couverture de leurs besoins (qui, de toutes façons sont "peu importants"), et donc constituent autant de freins à l'élévation de la productivité[19]. C'est seulement après 1960, quand la mécanisation commence à s'imposer, que les grands débats sur la tâche sont définitivement terminés.

Par contre, ceux sur le niveau des salaires se poursuivent, encore et toujours, nourrissant de violents conflits qui constituent le principal objet d'affrontement entre les usines et les travailleurs de la canne, et sur lesquels il convient donc de se pencher tout particulièrement.

---

18. AG SIAPAP 15 juin 1951 ; *Rapport Bicheron*, p. 390 ; "Rapport Léger" ; AN, 1984 0124/1, note de la délégation outre-mer aux affaires économiques du Commissariat général au Plan "sur la culture de la canne à sucre et l'industrie sucrière aux Antilles", 22 avril 1955.
19. Voir sur ce point la démonstration toute en litote de G. Lasserre, *La Guadeloupe*, t. II, p. 513-514, reprenant ce raisonnement pour mieux le dénoncer.

2. *LES GRANDS CONFLITS DE LA CANNE DANS LES ANNEES 1950*

• Une nouvelle époque dans l'histoire du mouvement ouvrier en Guadeloupe

En 1951, à l'ouverture des travaux du comité interprofessionnel de l'industrie sucrière, le préfet de la Martinique donne des relations entre usiniers et travailleurs agricoles de son département une description assez désabusée que son collègue de la Guadeloupe aurait sans doute pu reprendre à son compte[20] :

> "Avec une régularité déconcertante, périodiquement, chaque année, l'ouverture de la campagne de coupe de la canne à sucre s'accompagne de difficultés qui en compromettent le succès, apportent des retards impossibles à rattraper dans le travail, entraînent par suite des manques à gagner sérieux pour l'économie générale et provoquent ainsi des troubles dans l'ordre public, troubles dont les conséquences sont parfois tragiques" ...
>
> "Le processus est systématiquement le même : au moment précis où la canne à sucre doit être coupée, l'ouvrier agricole et celui des usines et des distilleries réclament une augmentation de salaire, par rapport à la campagne précédente, invoquant l'augmentation du coût de la vie ainsi que la non application du régime de la sécurité sociale dans son intégralité, ce à quoi le patron répond par une fin de non-recevoir, sous prétexte de mévente des rhums et de l'insuffisance du prix du sucre. On discute. Le travail reprend, puis bientôt s'arrête à nouveau. Les esprits s'échauffent. La politique s'en mêle bien souvent et cela n'arrange rien, bien au contraire. Finalement, par lassitude, on arrive à un compromis et la campagne s'achève avec du retard et des pertes considérables pour l'exploitation".

Il y a dans ces propos un ton assez déplaisant de persiflage, mais sur le fond ils reflètent bien la situation sociale extrêmement tendue qui règne dans le secteur de la canne jusqu'au début des années 1960. C'est une période de conflictualité croissante, qui atteint son sommet le 14 février 1952 avec le massacre de Moule. Vient ensuite une période de relative stabilisation, ce qui n'empêche néanmoins pas de nouveaux conflits, et parfois très violents, d'éclater périodiquement dans le pays sucrier ; elle s'achève sur un nouveau massacre, celui de mai 1967 à Pointe-à-Pitre. Au-delà, le combat politique et syndical change complètement de nature en Guadeloupe ; nous y reviendrons dans notre tome V.

---

20. *Rapport Bicheron*, p. 396.

L'objet premier de ces grèves est, encore et toujours, l'augmentation des salaires et du prix de la canne. Elles démarrent chez les travailleurs des habitations et les petits planteurs, qui sont, d'ailleurs, souvent les mêmes, et s'étendent ensuite rapidement par l'action de "bandes" de grévistes (ainsi que les dénomment les usiniers et l'administration) qui se déplacent de propriété en propriété pour inciter (avec ou sans guillemets)) à l'arrêt du travail ; souvent, mais pas toujours, ils sont rejoints par les ouvriers industriels des usines, mais sur leurs propres mots d'ordre, ainsi que, parfois, par ceux des autres secteurs d'activité, dont la situation n'est pas meilleure que dans le sucre, plus rarement par les fonctionnaires qui ont leurs propres revendications et leur propre calendrier. Tout ceci est classique et ne change guère par rapport aux grands conflits de la canne du début du siècle et de l'entre-deux-guerres.

Mais à côté, de nouvelles revendications apparaissent, qui, sans être directement à l'origine de mouvements de grève[21], entretiennent néanmoins un climat permanent de mécontentement favorable à la mobilisation. Elles prennent leur source dans le retard mis à appliquer l'assimilation annoncée en 1946, et en particulier pour ce qui concerne le point le plus sensible, l'extension aux DOM de la législation sociale métropolitaine[22]. Il faut attendre 1948 pour l'assurance-vieillesse, 1951 pour les accidents du travail, 1954 pour les assurances maladie, maternité et invalidité. En outre, cette extension est lente, partielle et incomplète, les gouvernements successifs reculant devant une application intégrale en raison de son coût prévisible, l'explosion démographique que connaissent alors les DOM (*Chap. 1*) risquant de rendre la charge insupportable pour les finances publiques. En conséquence, dérogations, abattements et régimes "spécifiques" se multiplient. Ainsi le SMIG antillais n'est aligné sur la dernière zone métropolitaine qu'en 1965 seulement. De

21. Sauf pour ce qui concerne la longue grève conduite en 1953 par les fonctionnaires "originaires" pour obtenir l'indemnité dite "de cherté de vie" de 40 % du traitement de base accordée à leurs collègues venus de métropole ; J. Dumont, *L'amère patrie. Histoire des Antilles françaises au XXe siècle*, Paris, Fayard, 2010, p. 169-182.

22. Sur tout ce qui suit, outre les développements de l'ouvrage précité de Jacques Dumont, voir A. Gautier, "Les politiques familiales et démographiques dans les départements français d'outre-mer depuis 1946", *Cahiers des Sciences humaines*, vol. 24, 1988, p. 389-402, et B. François-Lubin, "Les méandres de la politique sociale outre-mer", dans F. Constant et J. David, *1946-1996. Cinquante ans de départementalisation outre-mer*, Paris, L'Harmattan, 1997, p. 73-95.

même, la législation relative à l'indemnisation du chômage n'est pas appliquée dans les DOM. Quant aux allocations familiales, elles sont attribuées à des conditions plus dures qu'en métropole[23] et à des taux inférieurs[24].

La grande nouveauté dans l'histoire du mouvement ouvrier guadeloupéen de l'après-guerre est sa structuration en organisations représentatives qui vont lui donner une force et une cohérence qu'il n'avait pas jusqu'alors[25], et, tout d'abord, l'Union départementale des syndicats de la Guadeloupe, créée en 1937-38, adhérente à la CGT métropolitaine en 1939, dissoute l'année suivante par Sorin, le gouverneur de Vichy, et reconstituée en 1945. Très fortement implantée dans tous les secteurs d'activité, dirigée pour partie par des gens issus du milieu rural et connaissant parfaitement la situation et les attentes de la population misérable des campagnes, la CGT va impulser, diriger et encadrer toutes les grèves de la canne jusqu'à la fin des années 1950. En remplaçant de façon centralisée et coordonnée les multiples petites organisations locales et sectorielles sans grande influence qui composaient jusqu'alors le paysage syndical guadeloupéen, elle unifie et canalise des revendications qui partaient auparavant dans tous les sens et étaient portées par de multiples intermédiaires ; la cohérence résultant de l'union de tous les travailleurs derrière elle lui donne, lors des négociations avec le patronat, une force et une détermination auxquelles celui-ci n'était pas habitué et qui le conduisent parfois à céder plus qu'il n'avait prévu.

---

23. Le régime instauré en métropole avec un objectif nataliste par la loi du 22 août 1946 n'est pas étendu aux DOM avant 1993. Antérieurement, les DOM demeurent régis par une loi de 1922, complétée par plusieurs décrets étendant "par petits bouts" diverses dispositions de la législation métropolitaine. Jusqu'en 1963, seuls les salariés de l'industrie, de l'agriculture et du commerce ont droit aux allocations familiales, à condition qu'ils aient travaillé au moins 25 jours par mois ; les ouvriers de la canne et du sucre, qui ne sont employés le plus souvent que 100 à 160 jours par an, en sont donc exclus ; au total, 58 % seulement des familles guadeloupéennes avec enfants perçoivent ces allocations en 1955 et 63 % en 1961 ; A. Gauthier, *Politiques familiales*, p. 392.

24. "Les salariés des DOM qui travaillent 25 jours par mois ne touchent, par rapport à leurs collègues métropolitains, que 70 % pour le deuxième enfant, 45 % pour le troisième et 39 % pour le quatrième". Seuls les fonctionnaires ont droit au régime métropolitain de prestations familiales ; *ibid*, id°.

25. Sur tout ce qui suit, voir les développements très complets de A. Broussillon, *Procès de capitalisation et luttes paysannes dans l'agriculture guadeloupéenne*, thèse de Sciences sociales, EHESS, Paris, 1979, p. 444-466. Pour ce qui concerne les arrière-plans politiques, voir J. P. Sainton, *Décolonisation improbable*, p. 84-110 et 163-172.

L'action de la CGT est d'autant plus puissante et efficace qu'elle s'appuie sur ce qui constitue alors la première force politique de la Guadeloupe, le Parti communiste, dont la structure locale n'est encore, jusqu'en 1958, qu'une fédération départementale du PCF ; comme en France, naturellement, les deux organisations sont très étroitement liées, au point que la CGT apparaît très largement comme une sorte de "filiale" du PC. Celui-ci, dirigé alors par des personnalités remarquables, issues de milieux très modestes, comme le Dr Rosan Girard ou l'avocate Gerty Archimède, assure pendant toute cette période un soutien sans faille aux revendications des travailleurs, dont il constitue directement le relais politique. Jusqu'en 1955, sa ligne est la mise en œuvre immédiate et intégrale de la départementalisation en Guadeloupe, notamment pour ce qui concerne les lois sociales, et, en ceci, il est parfaitement représentatif des aspirations populaires.

• La "course prix-salaires" et les grèves de l'après-guerre (1946-1951)

En 1946, quand est proclamée l'assimilation, ces aspirations sont extrêmement fortes, particulièrement pour ce qui concerne les salaires. Il y a déjà six ans que les salariés de la Guadeloupe en général, et ceux de la canne plus encore que tous les autres, sont soumis au régime des "vaches maigres". Laminé à l'époque de Sorin (1940-1943), en conséquence du blocus et de la répression, leur pouvoir d'achat ne s'améliore pas sensiblement après le ralliement de la colonie à la France Libre (juillet 1943). Malgré le rationnement et le contrôle des prix, l'inflation galope sous le double effet de la pénurie de biens de consommation, surtout les produits alimentaires, et d'une création monétaire excessive ; d'après les relevés d'une commission gubernatoriale puis préfectorale *ad hoc*, sur une base 1938 = 100, le coût de la vie serait passé à 820 en 1946, 1256 fin 1947 et 1532 fin 1948, soit une hausse des prix de 53 et 22 % respectivement pour les deux dernières années citées, après qu'elle eut même dépassé les 60 % en 1946[26].

26. ADG, s. c. 458, campagne sucrière 1948 ; s. c. 6203, d. 7, rapport du TPG de la Guadeloupe sur la situation économique du deuxième trimestre 1946 ; ANOM, AGEFOM, carton 100, dossier 8.

Dans ces conditions, il n'est pas surprenant que les travailleurs se mobilisent. La campagne 1945 est extrêmement agitée. A la grève de leurs salariés, qui s'étend sur la majeure partie du mois de janvier, les usiniers répondent en agitant la menace du lock-out ; il faut que le gouverneur décide de réquisitionner les établissements pour que la campagne démarre. Finalement, les salaires sont majorés de 52 %, auxquels vient s'ajouter un rappel de 15 % au début de l'année suivante. Mais entre-temps, l'inflation a déjà annulé les effets de ces augmentations sur le pouvoir d'achat, et la spirale prix-salaires repart en 1946. La campagne démarre normalement, mais, en mars, après que les usiniers ont rejeté leurs demandes, les travailleurs de la canne se mettent en grève, bientôt rejoints par les ouvriers des usines, les planteurs et les fonctionnaires. Après douze jours d'interruption, accompagnée de divers incidents à Darboussier et Beauport, la CGT et les usiniers parviennent, sous l'arbitrage gubernatorial, à s'accorder sur des hausses significatives des salaires : de 53 à 100 % pour les hommes et de 54 à 85 % pour les femmes, tandis que le prix de la canne est majoré de 56 %, outre un rappel de l'ordre des 6 à 8 % sur les livraisons de 1942, 1943 et 1945. On observe toutefois qu'il s'agit ici de hausses nominales qui, rapportées à l'inflation, maintiennent tout juste le maigre pouvoir d'achat des populations rurales ; celui-ci ne s'améliore réellement que pour les coupeurs, qui obtiennent un doublement du prix de la tâche. La reprise du travail est plus ou moins rapide selon les centres ; sur la plupart d'entre eux, elle se situe le 19 mars, deux jours après la conclusion de l'accord, mais sur les habitations de la SIAPAP il faut attendre le 1er avril. Est-ce pour éviter une interruption analogue de la campagne suivante ? En tout cas, les salaires pour celle-ci sont relevés de 25 % dès décembre 1946, ce qui n'empêche pas de nouvelles grèves d'éclater en mars 1947 sur les habitations et en mai dans les usines[27].

Bien qu'aucune victime ne soit à déplorer, la grève de 1948 est probablement, avec celles de 1936-37 et 1971 (*tome 5*), l'une des plus dures de l'histoire ouvrière de la Guadeloupe, peut-être même la plus dure[28]. Dès le début de l'année, il apparaît que la campagne qui s'annonce

---

27. Sur tout ce qui précède, ANOM, AGEFOM, carton 100, dossier 7 ; AG SIAPAP 3 novembre et 19 décembre 1947, ainsi que la thèse de A. Broussillon, *Procès de capitalisation*, p. 447-457.
28. Sur tout ce qui suit, voir la grosse liasse entièrement consacrée à cette campagne dans ADG, s. c. 458.

risque d'être agitée. Les augmentations de salaires et du prix de la canne obtenues en 1946 et 1947 compensent à peine l'inflation. Le peuple de la canne crève de misère et d'humiliation[29]. En même temps, la situation politique commence à se dégrader. Depuis deux ans que la départementalisation a été votée, rien encore n'a été fait pour mettre en œuvre l'assimilation ; la CGT qui, comme toute la gauche locale, s'est engagée à fond dans cette voie et mobilise sur ce thème, adopte une attitude dure lors des négociations avec le patronat. Celles-ci traînent pendant plus de deux mois et, bien qu'il n'y ait pas de mot d'ordre formel de grève, la campagne ne démarre pas.

Finalement, un accord est arraché "aux forceps" le 16 mars. Il donne très largement satisfaction aux revendications ouvrières : le prix de la tonne de canne est plus que doublé, celui de la tâche accru de 81 % pour les hommes et 115 % pour les femmes, et les salaires industriels dans les usines sont augmentés de 51 % pour toutes les catégories ; en outre, le principe de la parité salariale H/F est définitivement consacré et surtout, pour la première fois, la durée de la tâche dans la canne est fixée strictement à huit heures. Ces deux dernières décisions sont plus ou moins imposées par le préfet aux usiniers, qui, il est vrai, obtiennent en contrepartie que celui-ci, dans son arbitrage sur les salaires, reprenne les taux qu'ils avaient proposés. Enfin, diverses mesures sont prises pour améliorer le ravitaillement des ouvriers, encore soumis au rationnement.

---

29. Déposition d'Albert Caracalla devant la Cour de sûreté de l'Etat, 23 février 1968 : "Issu d'une famille pauvre, j'ai connu, comme tous les enfants de la catégorie sociale à laquelle j'appartenais, les affres de la misère et de la faim. J'ai su ce que c'était d'aller à l'école les pieds nus" ; ... "j'étais le témoin des conditions inhumaines des paysans sans terre et des ouvriers agricoles soumis, comme du temps de l'esclavage, au bon vouloir de leur maître : l'usine sucrière. J'ai entendu sonner la cloche qui, le matin, au lever du jour appelle à la tâche les ouvriers agricoles ... (C'est) cette même cloche qui, avant 1848, appelait les esclaves ... J'ai vécu parmi les enfants nus jusqu'à l'âge de sept ans, faute de vêtements pour les recouvrir, j'ai été le témoin du chantage exercé par les représentants de l'usine pour réduire à leur merci ces hommes noirs que l'on prétend libres. J'ai vu refuser à mon père, sous prétexte qu'il n'avait pas accompli sa tâche ..., la vente de sacs à sucre avec lesquels il comptait confectionner un vêtement ... J'ai vu abattre par l'usine (des) arbres à pain ... afin de contraindre (les paysans) à venir travailler sur les exploitations sucrières. J'ai vu des hommes mourir d'épuisement sur les terres de l'usine et les familles incapables de s'offrir le luxe d'un cercueil" ; *Le procès des Guadeloupéens. Dix-huit patriotes devant la Cour de sûreté de l'Etat français*, s. l., COGASOD, 1969,p. 169-170.

Les avancées sont donc réelles ; pour la première fois depuis l'époque de Félix Eboué, en 1936, le rattrapage salarial dans la canne dépasse largement l'inflation de l'année précédente (53 %) et le pouvoir d'achat augmente. C'est donc très logiquement que la CGT, satisfaite à la fois des résultats obtenus et d'avoir affirmé sa représentativité, lance le mot d'ordre de reprise. Prévue pour le 30 mars, la coupe démarre dès le lendemain et se généralise progressivement à tous les centres jusqu'au 6 avril. La campagne a donc déjà deux mois de retard, ce qui suscite quelques craintes chez les usiniers quant à son bon achèvement avant le retour des pluies.

Et pourtant, le pire est encore à venir pour eux. Le mécontentement et les frustrations accumulés depuis des années ont atteint un tel niveau que les travailleurs ne se contentent pas de ce qu'ils viennent d'obtenir. On sait, en Guadeloupe, que les sociétés sucrières réalisent depuis la fin de la guerre des bénéfices "substantiels" avec la revente de leurs stocks accumulés pendant le blocus et les cours élevés résultant de la pénurie de sucre en France[30] ; cela rend peu crédibles leurs plaintes sur la dureté des temps et l'impossibilité où elles sont de faire plus pour leurs salariés, alors que ceux-ci ne perçoivent que 58 % de la rémunération métropolitaine de base[31]. La reprise est heurtée : Marquisat se met en grève pour six jours dès le 31 mars, Roujol du 5 au 7 avril, Beauport du 23 au 30 du même mois, Courcelles quinze jours en mai ; l'agitation est continuelle sur les habitations de la SIAPAP. La situation devient de plus en plus tendue, au point que le préfet, craignant d'en perdre le contrôle, demande à Paris des renforts de gendarmerie.

La grève redémarre à Marquisat, où les salariés, confrontés à un directeur "de choc", arrêtent le travail le 10 juin. Ils sont rejoints les 13-14 par les ouvriers industriels de Darboussier et Blanchet, le 16 par ceux de Grande-Anse et Comté, puis progressivement de toutes les usines ; à partir du 24, la grève s'étend aux habitations. Dans les derniers jours du mois ou au tout début de juillet, le mouvement tend à se généraliser à tous les secteurs d'activité de l'économie guadeloupéenne : un mois à l'atelier départemental des TP de Fouillole, deux jours pour les dockers, cinq pour les ouvriers boulangers, douze à quinze dans plusieurs distil-

30. *Rapport Deuxième plan*, p. 217 ; voir tableau n° 7, *supra*.
31. AG SIAPAP 3 novembre 1947 (exercice 1946-47) et 8 juillet 1949 (exercice 1948).

leries, des durées variables mais limitées dans les bananeraies du Sud de la Basse-Terre. Les incidents se multiplient : entre grévistes et non grévistes, planteurs qui voudraient livrer leurs cannes et ouvriers industriels qui les refusent, personnels guadeloupéens et cadres métropolitains, soumis à de multiples pressions, intimidations, et parfois séquestrations ; c'est dans le Nord de la Grande-Terre, sur le domaine de Beauport, que les violences sont les plus graves. L'intervention lourde et souvent brutale de la gendarmerie, engagée pas toujours à très bon escient par un préfet paniqué, ne calme pas la situation, bien au contraire ; en août, alors que la grève est terminée, il demande de nouveaux renforts de gendarmerie et de CRS, puis, en novembre, l'envoi d'un bateau de guerre (!). La répression est "musclée" : des centaines d'arrestations, 75 prévenus devant le tribunal correctionnel, onze condamnations à de la prison ferme.

Il faut bien pourtant recommencer à négocier. Les discussions sont difficiles entre la CGT, soutenue à fond par le PC, et les usiniers qui n'ont pas l'intention d'aller au-delà de l'accord de mars, "accepté par les syndicats", et réclament avant tout le rétablissement de "l'ordre"[32]. Certes, ils doivent bien finir par lâcher des augmentations, mais à des niveaux que l'organe local du PC n'hésite pas à qualifier de "modestes"[33] : de + 27 % pour les salaires les plus bas à 9 ou 10 % pour les plus élevés. Le bilan global de cette année agitée est lourd : 45 à 50 jours de grève (*tableau n° 24*), une campagne sucrière raccourcie à 90 jours au lieu de 150 à 160 normalement, malgré une prolongation jusqu'à fin août, 20 % environ des cannes d'habitations laissées sur pied, sans compter celles des planteurs, et une production totale en recul de 20 % (28.000 tonnes contre 35.000 en 1947). Les répercussions sur le niveau de vie dans le pays sucrier sont dramatiques : deux à trois mois de salaires perdus pour la grande majorité des ouvriers agricoles, et beaucoup de cannes de planteurs qui n'ont pu être prises. Les usines aussi sont touchées, mais moindrement ; la grève se traduit pour elles bien davantage par des manques à gagner que par de véritables pertes. D'après les données reproduites dans le tableau n° 24, les Sucreries coloniales auraient perdu 14 à 15 % de leur production, Gardel 11 %, Darboussier 10 % et Beauport 15 % de son chiffre d'affaires, mais ces plaintes semblent

32. AG SIAPAP 8 juillet 1949.
33. *L'Etincelle*, 7 août 1948.

Tableau n° 24
LA GREVE DE 1948 DANS LA CANNE

	Nbre d'ouvriers agr.	Nbre d'ouvriers ind.	Nbre de jours de grève	Observations
Comté	1.400	500	n.d.	
Bonne-Mère	1.600	500	52	14.000 t. de cannes restées sur pied
Darboussier	3.400	700	55	Pertes : 65.000 qx de sucre
Courcelles	700	400	53	
Grosse-Montagne	700	300	19	
Sainte-Marthe	600	200	60	
Gardel	1.500	300	49	Pertes : 3.500 qx de sucre
Blanchet	1.100	250	46	
Beauport	700	450	69	Pertes > 30 MAF
Roujol	120	65	35	
La Retraite	525	250	53	
Marquisat	1.403	612	54	
Grande-Anse	200	230	21	

Source : ADG, s. c. 288, dossier de la campagne.

toutefois exagérées[34], d'autant plus que, s'agissant de leurs résultats financiers, elles ne s'en tirent pas trop mal ; les pertes sur le sucre sont compensées, "et au-delà", par le bénéfice sur le rhum qui bénéficie au même moment d'une forte demande en raison de l'hiver très rigoureux en métropole[35] ;seule parmi les grandes sociétés sucrières, Beauport essuie des pertes, mais pour un montant insignifiant[36]. Syndicalement enfin, la CGT sort renforcée de ce conflit, ce qui lui permettra de maintenir la pression au cours des campagnes suivantes.

Après ce qu'on venait de connaître, la campagne 1949 peut être qualifiée de calme[37], bien que l'augmentation des salaires ne soit que de

34. Dans son rapport à l'AG du 8 juillet 1949, le conseil d'administration de la SIAPAP ne parle plus que de 40.000 qx, soit 6 % seulement de la production de Darboussier en 1948.
35. Rapport AG SIAPAP 8 juillet 1949.
36. 520.000 AF, à peine 2,5 % du chiffre d'affaires, perte immédiatement amortie sur le bénéfice de l'exercice suivant.
37. Trois jours de grève seulement à Sainte-Marthe et Marquisat, quinze à Darboussier, rien sur les autres usines ; ADG, s. c. 288.

11 %; mais il est vrai que, en contrepartie, les travailleurs obtiennent à titre définitif la fixation stricte de la durée de la tâche à huit heures par l'arrêté préfectoral du 2 mars.

Le déroulement de la campagne 1950 est assez surprenant. La coupe débute normalement dans les premiers jours de février sur tous les centres et se poursuit sans, ou pratiquement sans, interruption sur la plupart d'entre eux, même Beauport, jusqu'à la fin de la récolte[38]. Par contre, la grève est totale à Marquisat pendant 59 jours, de fin avril à fin juin, avec incendies de champs de canne et, surtout, des incidents assez graves se produisent en juin à Darboussier : suite à l'agression, survenue dans des circonstances peu claires, d'un délégué des planteurs contre un cadre, tous les métropolitains employés dans l'usine circulent armés, suivant en ceci les conseils du directeur général Mercier ; l'un d'eux menace même le délégué précité d'un revolver[39].

La campagne 1951 constitue la première au cours de laquelle le SMIG, instauré en métropole par la loi du 11 février 1950, est appliqué dans les DOM. Bien qu'il soit affecté d'un abattement de 12 % par rapport au taux de base métropolitain, sa mise en œuvre se traduit immédiatement par une hausse conséquente des salaires : pour six tâches par semaine, majoration comprise, + 37 % pour la coupe, + 15 % pour les autres travaux ; dans les usines, 15 à 25 % selon la catégorie. C'est probablement ce qui explique que l'année se déroule sans conflit majeur. Malgré plusieurs tentatives, la CGT ne parvient pas à faire démarrer un mouvement de grande ampleur : à peine une semaine de grève en mars sur certaines habitations de Darboussier, une tentative des emballeurs de bananes de Basse-Terre en mai, mais qui échoue devant la vigueur de la répression des expéditeurs. Le seul lieu permanent de conflit se situe, encore et toujours, à Marquisat, où, face à une direction que l'on devine "ferme", les travailleurs semblent particulièrement combatifs : agitation sporadique en mars, deux semaines de grève à la fin du mois et début avril, reprise agitée, puis de nouveau grève fin mai.

---

38. Pas de grève à Blanchet, Sainte-Marthe, La Retraite, Gardel et Grande-Anse, deux jours à Bonne-Mère, dix à Beauport, douze à Courcelles, 23 à Comté ; ADG, s. c. 2074.
39. ADG, s. c. 410, dossier de la campagne.

Les usiniers protestent vivement contre cette extension du SMIG aux DOM[40] ; aussi n'appliquent-ils la mesure qu'*a minima* et avec une extrême mauvaise volonté. En conséquence de la loi de 1950, les préfets perdent leurs pouvoirs en matière de fixation des salaires ; ceux-ci ne peuvent plus désormais résulter que de conventions collectives conclues entre organisations patronales et syndicales représentatives ; le SMIG, fixé par le gouvernement en fonction de l'évolution des prix, constitue un plancher en l'absence d'accord. Mais en Guadeloupe, le patronat se bloque ; alors que la préfecture conseille et que les syndicats réclament l'ouverture de négociations, les sociétés sucrières fixent unilatéralement les nouveaux salaires au minimum garanti et refusent toute discussion[41]. Il faudra attendre 1956 pour que soit enfin conclue la première convention collective dans la filière canne-sucre en Guadeloupe.

- **La campagne 1952 et le massacre du 14 février à Moule[42]**

Cette attitude des usiniers ne va pas peu contribuer à l'escalade de la tension, puis de la violence et enfin de la mort, qui caractérise la campagne 1952, de loin le plus violent de tous les grands conflits sociaux survenus en Guadeloupe dans la seconde moitié du XXe siècle, Mai 1967 excepté.

Avant même que débute la campagne, la situation est déjà extrêmement tendue. La remise en état de marche des usines se passe mal ; les ouvriers industriels de Roujol sont en grève depuis fin novembre 1951, ceux de Bonne-Mère depuis fin décembre avec occupation. Les négociations salariales sont bloquées par le refus des usiniers d'aller au-delà du

40. Voir par exemple AG SIAPAP 15 juin 1951.
41. Communiqué du Syndicat des fabricants de sucre au sujet de la fixation des salaires pour la campagne 1952 : "La seule obligation qui est faite aux employeurs est de porter aux chiffres du minimum garanti les salaires qui lui seraient actuellement inférieurs" ; néanmoins, les différentes primes payées antérieurement aux travailleurs faisant cinq (+ 10 %) et six (+ 20 %) tâches par semaine seront maintenues.
42. Sauf exception dûment signalée, tout ce qui suit vient du gros dossier conservé dans ADG, s. c. 385. Nous avons consacré à cette funeste journée, ainsi qu'au déroulement des évènements et à la recherche d'explications de ce drame, une recherche plus approfondie dans notre article "Le Moule, 14 février 1952. Autopsie d'un massacre", *Bull. Sté d'Hist. Gpe*, n° 170, 2015, p. 55-81.

SMIG. L'application de celui-ci aboutit, certes, à une augmentation des salaires en deux étapes (10 octobre 1951 et 1er février 1952) de 33 à 35 % dans la canne et de 35 à 40 % dans les usines ; c'est apparemment suffisant pour couvrir l'inflation, mais, plus que les chiffres eux-mêmes, c'est d'abord le comportement patronal qui exaspère les travailleurs.

Le processus conduisant au drame s'enclenche à la mi-janvier 1952 par une classique, banale pourrait-on dire, question salariale. L'application mécanique de la formule de calcul du SMAG donne un taux de base pour le manœuvre dans la canne de 73 (anciens) F de l'heure ; les usiniers proposent une augmentation de 14 %, soit 83 AF, les travailleurs réclament un minimum de 91 AF, soit + 25 %. Les ouvriers industriels de Roujol, en grève depuis fin novembre 1951, acceptent et reprennent le travail, mais ceux de Bonne-Mère poursuivent leur mouvement, bientôt rejoints, le 18 janvier, par les ouvriers agricoles de Marquisat, comme toujours les plus combatifs, qui refusent de commencer la coupe. Au cours des jours suivants, des incidents sans gravité entre grévistes et non-grévistes se produisent sur les habitations de cette usine ainsi qu'à Roujol ; la situation est plus tendue à Bonne-Mère, où 200 grévistes envahissent l'usine et molestent le personnel non gréviste des bureaux, avant d'être évacués sans heurts par la gendarmerie (21 janvier). Le 26, des délégués de tous les syndicats (CGT, CFTC, Fédération des exploitants agricoles, unions locales non confédérées) réunis en "cartel" lancent un ultimatum pour 100 AF de l'heure, avec grève générale à partir du 29 en cas de refus. Au jour dit, ce sont les travailleurs industriels de Darboussier qui se lancent les premiers, mais la direction brise la grève en embauchant des chômeurs et en licenciant une partie des grévistes.

Contrairement à ce qu'espéraient sans doute les usiniers, ce comportement répressif, bien loin de calmer le mouvement, lui donne au contraire un coup d'accélérateur, en premier lieu parce qu'il se déplace sur le terrain politique (les élus socialistes et communistes du Conseil général annoncent qu'ils refuseront de voter le budget local "tant que satisfaction ne sera pas donnée aux travailleurs du département"), mais surtout parce que, à partir du 2 février, la grève commence à s'étendre ; après l'échec d'une ultime tentative de négociation, le 6, elle se généralise progressivement à tous les centres jusqu'au 12. Bien sûr, cette extension n'est pas toujours spontanée ; en plusieurs endroits, l'arrêt du travail est plus ou moins imposé par les grévistes, ce qui entraîne avec gendarmes et CRS des "contacts" que le préfet n'hésite pas à qualifier de "durs" (des blessés de part et d'autre). L'incident le plus grave survient le 8 à Morne-à-l'Eau, où un peloton de CRS accompagnant vers l'usine Blanchet un convoi de camions chargés de canne que les grévistes sont bien décidés à arrêter est littéralement bombardé de pierres et de bouteilles en traversant le bourg ; les CRS parviennent tout de même à faire passer le convoi, mais finalement pour rien, car, lorsqu'ils arrivent à l'usine, la grève a déjà démarré et ces cannes ne seront finalement pas réceptionnées.

Cette affaire de Morne-à-l'Eau constitue un tournant dans la marche au drame, car elle catalyse les haines, détestation de la police dans la population contre volonté de revanche chez les CRS. A partir de là, la situation devient incontrôlable. Le 11 février au matin, une centaine de gendarmes et de CRS investissent le bourg du Moule, où ils vont rester pendant trois jours. La raison officielle de cette intervention est de "protéger la liberté du travail" à Gardel, alors que cette usine est à 6 km du bourg et que la grève n'y a pas encore commencé (elle ne démarrera que le lendemain). La population vit cette présence policière comme une occupation et une provocation permanente, d'autant plus qu'elle est loin d'être discrète : contrôles "musclés" et démonstrations brutales de force se succèdent.

Le 14 février dans la matinée se produit l'explosion. Tout commence avec l'arrestation d'un jeune garçon accusé d'avoir jeté un cocktail Molotov ; il est relâché peu de temps après, officiellement faute de preuves, plus probablement en conséquence de la mobilisation de la population qui vient réclamer sa libération. Mais après celle-ci, obtenue grâce à l'intervention du maire-adjoint de la commune auprès du préfet, cette mobilisation ne faiblit pas ; deux barricades faites de tronc d'arbres sont dressées à la sortie de la ville sur la route de Gardel. En avançant pour les démonter, les CRS se retrouvent face à une manifestation de plusieurs centaines de personnes, avec lesquelles le "contact" est extrêmement bref : ils ouvrent immédiatement le feu, faisant quatre morts, parmi lesquels une mère de six enfants, et une quinzaine de blessés, dont certains resteront handicapés à vie.

On s'est beaucoup interrogé alors et depuis sur les causes du drame : provocation ou "bavure" ? Les sources actuellement accessibles conduisent à formuler l'hypothèse que "on" (le préfet ? le ministre de l'Intérieur ?) aurait voulu profiter de la tension régnant alors en Guadeloupe en raison de la grève de la canne pour impliquer Rosan Girard, député-maire du Moule (alors en France) et dirigeant communiste immensément populaire, dans une "sale affaire" afin d'obtenir la levée de son immunité parlementaire et de l'éliminer ensuite politiquement (on est alors au pire moment de la "guerre froide" et de la répression anticommuniste en métropole). Mais l'opération aurait mal tourné et échappé à ses initiateurs en raison de la brutalité de la réaction des CRS sur le terrain.

Malgré l'énormité de l'émotion soulevée aux Antilles et dans les milieux antillais de Paris, ce massacre n'aura aucune suite, ni politique (Rosan Girard ne parviendra pas à interpeller le gouvernement à la Chambre), ni judiciaire (il ne semble pas qu'une instruction ait été ouverte), et les CRS seront félicités par le préfet. Quant à la grève de la canne qui était à l'origine du drame, elle se durcit considérablement et devient générale sur tous les centres pendant une semaine, puis les premiers signes d'une reprise se font sentir à partir du 20 février, accompagnée néanmoins de nombreux incidents entre grévistes et non-grévistes. Pour accélérer le mouvement, les usiniers accordent 88 F de l'heure, pas beaucoup moins finalement que les 91 que réclamaient initialement les travailleurs un mois plus tôt : quatre morts pour trois (anciens) Francs ! L'objectif des 100 F est finalement abandonné en dépit des appels du PC à la poursuite du mouvement. Le travail reprend début mars à Marquisat, et très lentement sur les autres centres au cours des jours suivants.

• Une relative décrue (1953 - 1966)

Les évènements de Moule semblent constituer le sommet de ce premier grand mouvement de conflictualité ascendante que vient de traverser la Guadeloupe depuis la guerre. Est-ce la conséquence du massacre, mais on ne trouve dans les sources aucune trace du moindre conflit dans la canne en 1953 et 1954 ; le seul mouvement d'envergure est la longue grève des fonctionnaires "originaires" en 1953 pour obtenir la même indemnité dite "de vie chère" de 40 % du salaire de base que leurs collègues métropolitains nommés dans le département. Au-delà, trois grands conflits seulement surviennent dans la canne au cours des dix années suivantes.

Le plus sérieux est celui de 1956, qui s'étend sur tout février et retarde d'un mois le début de la campagne[43]. Il porte à la fois sur le prix de la canne, pour lequel l'application du système de fixation en commission paritaire donne un niveau insuffisant aux yeux des planteurs, et sur les salaires, dont la CGT réclame une augmentation de 25 %. La grève, d'une durée variable selon les centres, n'est jamais totale, mais néanmoins suffisamment étendue pour obliger plusieurs usines à arrêter leurs feux[44] ; quelques distilleries sont également touchées. Les incidents sont nombreux et violents. Des "bandes" masquées parcourent les campagnes avec des bâtons pour faire arrêter le travail ; des coups de feu sont même tirés sur des non-grévistes sur une habitation de Beauport. En face, gendarmes et CRS, qui ont reçu des ordres "fermes" de la préfecture, se livrent à une répression "musclée" : grévistes arrêtés insultés, tabassés... Finalement, les salaires ne sont augmentés que de 4,5 % seulement. Par contre, les planteurs, dont la capacité de nuisance pour les usines est beaucoup plus grande (ils fournissent 21 % des cannes manipulées), obtiennent satisfaction pour l'essentiel de leur revendication[45]. Pourtant l'agitation reprend en juillet et début août. La campagne se prolonge bien au-delà de la date normale (fin juin) et il reste encore beaucoup de cannes à couper, en raison de la grève et de pluies intempestives pendant la récolte. Les planteurs accusent les usines de donner la priorité à celles de leurs propres habitations et de n'accepter les leurs qu'avec une réfaction de 50 à 60 % sur le prix officiel ; il faut que la préfecture rappelle que celui-ci s'applique à toutes les cannes[46]. Le cyclone du 11 août vient mettre fin à cette campagne agitée.

---

43. ADG, s. c. 2076 et 2083.
44. Une vingtaine de jours à Gardel, 30 à Beauport, 30 à Sainte-Marthe, 34 à Blanchet, 15 à Courcelles, et, naturellement, un maximum à Marquisat, avec 38 jours, zéro ou "quelques" jours seulement sur les autres usines.
45. L'application de la formule réglementaire aurait dû donner un prix provisoire de 3.400 AF la tonne ; ils obtiennent 3.680 et, deux ans plus tard, pour le prix définitif, 3.900 au lieu de 3.505. C'est l'Etat qui prendra la différence à sa charge en indemnisant les sociétés sucrières ; ADG, s. c. 2081, note des services au préfet du 22 mars 1958.
46. ADG, s. c. 2082.

Une nouvelle grève que l'on peut supposer importante survient en 1959, du moins à en juger par la date tardive d'ouverture de la campagne sur les habitations de la SIAPAP (28 février, un mois de retard). Nous ne savons rien à son sujet. Celle de 1962 (trois à quatre semaines) a pour objet la diminution de la tâche, au moins pour les coupeurs ; elle semble couronnée de succès à Beauport[47], mais nous n'avons aucune information s'agissant des autres usines.

En dehors des trois années précitées, il ne semble pas que les autres campagnes aient été très fortement perturbées pendant toute cette période ; sur les habitations de la SIAPAP, la coupe commence régulièrement entre le 20 janvier et le 6 février. Nous connaissons l'existence de quelques grèves sporadiques en 1955, 1961 et 1964, mais qui ne retardent le début de la récolte que de quelques jours seulement et n'ont aucune influence décelable sur la marche des usines. L'amélioration du climat social semble donc incontestable.

On a émis l'hypothèse que cette évolution pourrait être l'effet d'une moindre combativité de la CGT, conséquence elle-même d'un recul de l'influence du PC en Guadeloupe[48]. Cette hypothèse ne paraît pas pouvoir être retenue. Les sources montrent au contraire que la CGT est très présente dans tous les conflits jusqu'au milieu des années 1960 ; il semble même que sa prise d'autonomie par rapport à la confédération métropolitaine, en 1961[49], ait suscité chez ses adhérents un regain de militantisme. Il est plus probable que ce ralentissement du rythme des grèves et cette baisse du niveau de conflictualité après 1956 procèdent avant tout du fait que, dix ans après la loi de départementalisation, les premiers effets de l'assimilation commencent enfin à se faire timidement sentir. En particulier le rattrapage accéléré du SMIG local sur le niveau métropolitain, entre 1962 et 1965, et les conséquences sur le pouvoir d'achat qui en résultent expliquent l'absence presque totale de grève jusqu'en 1967. Le mouvement reprend alors avec force, mais on est désormais dans une nouvelle phase de l'histoire de la Guadeloupe et de son industrie sucrière, celle de la crise ; nous y reviendrons dans notre tome V.

---

47. R. Gama, *Grand domaine sucrier*, vol. II-2, p. 704-706.

48. A. Broussillon, *Procès de capitalisation*, p. 468-474.

49. L'ancienne Union départementale de la CGT devient la CGTG, théoriquement complétement indépendante de la centrale de France.

EN GUISE DE TRANSITION

Ce volume ne saurait comporter de conclusion, tant on sait, pour qui connaît la suite, à quel point cet apogée du début des années 1960 est fragile et provisoire. Les contemporains eux-mêmes s'interrogent, ainsi qu'il apparaît discrètement dans le chapitre sur le sucre du *Rapport de la commission centrale des DOM pour le Ve Plan*, publié en 1966. L'optimisme est de mise, certes : la commission constate la croissance de l'industrie sucrière guadeloupéenne au cours du quinquennat précédent, et avec d'autant plus de satisfaction qu'elle contraste fortement avec la situation de son homologue martiniquaise, qualifiée de "très critique". Pour la période 1966-1970, elle opte "pour des hypothèses de production accrue par rapport aux objectifs actuels et correspondant à un optimum de production" : celle de la Guadeloupe devrait atteindre 2.500.000 tonnes de cannes et 220.000 de sucre à la fin du prochain quinquennat de planification. Mais, en même temps, pointent à l'arrière-plan des motifs, sinon encore d'inquiétude, du moins de préoccupation, au sujet de problèmes devant être réglés impérativement si l'on veut réaliser ces objectifs, qui se situent tout de même dans les 20 % au-dessus des niveaux records "actuels" : les coûts qui augmentent plus vite que les prix, la culture de la canne qui est à la limite de la rentabilité, la productivité industrielle et agricole qui ne s'élève pas assez rapidement, les interrogations que suscitent les modalités d'une future insertion des DOM dans le marché sucrier européen, les capacités de financement limitées des usines ... Tous ces goulots d'étrangement, note la commission, devraient être supprimés par l'action volontariste de l'Etat et les concours financiers apportés par lui en conséquence.

En réalité, il ne s'agit pas de simple goulots d'étrangement mais de contradictions structurelles. L'industrie sucrière "de Souques", celle mise en place par ce grand capitaliste après l'abolition de l'esclavage[1],

1. Voir notre t. II, *La transition post-esclavagiste*.

ne peut plus fonctionner dans le nouvel environnement politique et social créé par la départementalisation sans compter l'ouverture de la Guadeloupe à de nouvelles influences européennes et mondiales. L'hymne de triomphe de 1965 est en réalité un chant du cygne. Dès l'année suivante, commence une énorme crise dont l'aboutissement sera, trente ans plus tard, la fin de l'économie de plantation en Guadeloupe. Ce sera l'objet de notre tome V.

SOURCES ET BIBLIOGRAPHIE

Archives

Archives nationales (Pierrefitte)

1984 0124. Ministère de l'Outre-mer, économie sucrière des DOM

1 : rapports d'experts concernant l'industrie sucrière et rhumière dans les DOM : Bicheron (1952), Commissariat général au Plan (1953), Marchal (1954 et 1960), Favart (1957), Léger (1959), Coste (1959), Rippert-Cullman (1961).

8 : IVe, Ve, VIe Plans, 1962-1975.

55 : Guadeloupe. Note Marchal sur l'industrie sucrière (1962) ; cyclone Inès (1966).

56 : Mission IRAT-SATEC (Bassereau-Moity), 1968.

60 : Dossier SOSUMAG, 1964-1965.

63 : Dossiers SAUB, Gardel, SIS, 1967-1975.

76 : Rhum, campagnes 1960-1976.

Archives nationales du monde du travail (Roubaix)

1994 042. Département "Entreprises" de l'INSEE. Rapports annuels aux assemblées générales

2 : SIAPAP, 1964-1972

1965 062. Chambre syndicale des agents de change de Paris.

49 : SAUB, rapports à l'AG, 1955-1965.

195 : Compagnie française de sucrerie, rapports à l'AG, 1963-1965.

377 : SIAPAP, communiqués de presse, notices SEF, rapports à l'AG, 1937-1965.

449 : Sucreries coloniales/d'Outre-mer, rapports à l'AG, 1938-1962.

1998 030. Via Banque, Société de banque et de participations.

138 à 141 : Sucreries col./d'OM/CFS, divers, 1952-1971.

Archives départementales de la Guadeloupe (Gourbeyre)

Série continue (provisoire), Préfecture.

288, 385, 410, 458, 2074, 2075, 2077, 2078, 2079, 2080, 2081, 2082, 2083, 2084, 2085 : Campagnes sucrières, 1945-1957.

2094, 2095, 2096 : Rhum, 1946-1960.

15J. Société anonyme des usines de Beauport

1 : Composition de l'actionnariat.

4 : SOMDIAA, 1975.

7 : Investissements, application du décret du 13 février 1952.

57 : Achat de propriétés, 1929-1958.

67 : Baux et loyers d'habitations, 1946-1962.

197 : Séries statistiques, 1907-1967.

Divers

Archives nationales d'Outre-mer (Aix-en-Provence)

1 FIDES 1 : Financement d'opérations d'investissement aux Antilles

Anciennes archives de la SAUB, consultées en leur temps au siège de la société à Bordeaux. Aujourd'hui fonds 18J des AD Gironde.
Rapports Filloux. Etude financière de la SAUB, 1942-1952.

Bibliographie sommaire

Ne figurent ici que les titres les plus importants pour le sujet et la période en général. On trouvera d'autres références sur des points particuliers dans les notes infrapaginales.

Avant tout :

G. Lasserre, *La Guadeloupe. Etude géographique,* Bordeaux, Union française d'impression, 1961, 1135 p. en 2 vol.

Les titres suivants sont classés par ordre alphabétique

P. Beccaria, *La réforme foncière en Guadeloupe, ou la régulation du secteur sucrier d'un DOM sans mécanisation adaptée aux attributaires,* DSRA d'Economie, Univ. Paris IX - Dauphine, 2 t. dact.

A. Bonneton-Koussoula, *Contribution à l'étude de l'économie sucrière en Guadeloupe,* Petit-Bourg, INRA, 1981, 154 p. dact.

A. Cointet, *Aspects économiques et sociaux de la culture de la canne à sucre en Guadeloupe,* thèse Droit, Faculté de Droit et Sc. éco., Paris, 1954, 205 p.

Commissariat général au Plan. Rapports de la commission centrale des DOM pour :

Deuxième plan, CGP, 1954, 230 p. ronéo.
Troisième plan, 1957-1961, Impr. nationale, 1959, 452 p.
Cinquième plan, 1966-1970, Documentation fse, 1966, 667 p.
Sixième plan, 1971-1975, Documentation fse, 1972, 508 p.
Approche du VIIe Plan, CGP, 1974, 213 p. en 2 vol. ronéo.

(*Nota* : pas de rapport pour le IVe Plan).

R. Gama, *Evolution d'un grand domaine sucrier à la Guadeloupe. Les rapports sociaux dans le nord de la Grande-Terre, aire de la Société anonyme des Usines de Beauport (1908-1981),* thèse d'Histoire, UAG, 1997, 2 vol. en 3 t. dact.

INSEE, *Annuaire statistique de la Guadeloupe* : 1949-1953, 1953-1957, 1957-1959, 1959-1961, 1962-1964, 1963-1967, 1967-1970.

R. Noirtin, "Economie sucrière et rhumière à la Guadeloupe (1946-1980)", dans A. Grillon-Schneider (dir.), *Canne, sucre et rhum aux Antilles et Guyane françaises du XVIIe au XXe siècles,* s. l., Ed. du Ponant, 1987, vol. 2, p. 171-231.

TABLE DES TABLEAUX

TABLE DES CARTES

TABLE DES GRAPHIQUES

TABLE DES MATIERES

Les Caraïbes
aux éditions L'Harmattan

Dernières parutions

LA PAROLE INDOMPTÉE - PAWÒL AN MAWONNAJ
***Suivi de* Memwa Baboukèt - Mémoire de la muselière**
Essai sur Jean-Paul Sartre, Paul Laraque, Franck Laraque, Manno Charlemagne, Richard Brisson, Jacques Stéphen Alexis, Jean-Claude Martineau, René Depestre et Dany Laferrière (français haïtien)
Tontongi
Même quand il n'est pas une traduction d'un texte à l'autre, ce livre est bilingue pour avoir mis en rapport d'égalité et de parité les deux langues parlées par les Haïtiens. L'auteur essaie de montrer l'équivalence de compétence entre les deux langues dans leur univers parallèle. Le choix des textes n'est pas innocent, car la littérature, comme Sartre l'a démontré, n'est pas innocente : elle participe du projet de société.
(Coll. Critiques Littéraires, 28.00 euros, 292 p., Broché)
ISBN : 978-2-343-05393-6, ISBN EBOOK : 978-2-336-37286-0

L'AMBIVALENCE IDENTITAIRE DANS LA SOCIÉTÉ MARTINIQUAISE
Essai psychanalytique d'une aliénation
Nonone Josette
Aujourd'hui, la Martinique se trouve dans une dépendance économique et sociale. L'Afro-Martiniquais se trouve partagé entre le contexte franco-européen et le milieu afro-antillais. Cette contradiction émane aussi de situations de confrontation, d'où se dégage souvent un ressenti de «fatalité», voire de «malédiction», entraînant «un sentiment de culpabilité collective», celui d'oser défier l'ordre social en place. Cette recherche vise à analyser le dilemme de la dépendance à partir de l'énoncé des malédictions, puis des considérations historiques, suivies d'une perspective psychanalytique.
(17.50 euros, 180 p.)
ISBN : 978-2-343-03807-0, ISBN EBOOK : 978-2-336-37068-2

L'ENTREPRISE BEAUPORT À LA GUADELOUPE
Un exemple d'aménagement territorial et de transformation sociale
Gauthiérot Murielle - Préface de Marie-Laure Troplent
Au pays de la canne à sucre, l'entreprise Beauport n'intéressait personne depuis la fermeture de l'usine. Murielle Gauthiériot démontre que Beauport n'est plus une cathédrale morte mais un observatoire pour étudier l'interaction entre aménagement territorial et transformation sociale. Elle raconte le «Tout Beauport» et nous entraîne dans le système de la plantation industrielle. Sa méthode consiste en une expérimentation graphique à partir des cartes du territoire de Beauport et une analyse de la structuration socioprofessionnelle à l'intérieur de cette entreprise.
(22.00 euros, 212 p.)
ISBN : 978-2-343-04493-4, ISBN EBOOK : 978-2-336-36968-6

MARCHANDS ET NÉGOCIANTS DE COULEUR À SAINT-PIERRE (1777-1830)
Milieux socioprofessionnels, fortune et mode de vie (Tome 1)
A. Louis Abel
Décrire et observer les marchands et négociants de couleur pierrotins revient à examiner des milieux socioprofessionnels composés d'hommes et de femmes qui se renouvellent au gré des

crises sociales, politiques et économiques. *Marchands et négociants de couleur à Saint-Pierre de 1777 à 1830* est la première étude socioculturelle consacrée à des milieux professionnels d'une ville antillaise coloniale.
(Coll. Chemins de la Mémoire, série Histoire des Antilles, 31.00 euros, 302 p.)
ISBN : 978-2-343-04926-7, ISBN EBOOK : 978-2-336-36774-3

MARCHANDS ET NÉGOCIANTS DE COULEUR À SAINT-PIERRE (1777-1830)
Milieux socioprofessionnels, fortune et mode de vie (Tome 2)
A. Louis Abel
Décrire et observer les marchands et négociants de couleur pierrotins revient à examiner des milieux socioprofessionnels composés d'hommes et de femmes qui se renouvellent au gré des crises sociales, politiques et économiques. *Marchands et négociants de couleur à Saint-Pierre de 1777 à 1830* est la première étude socioculturelle consacrée à des milieux professionnels d'une ville antillaise coloniale.
(Coll. Chemins de la Mémoire, série Histoire des Antilles, 35.00 euros, 642 p.)
ISBN : 978-2-336-30579-0, ISBN EBOOK : 978-2-336-36773-6

CONSCIENCE (LA) COLLECTIVE CHEZ PATRICK SAINT-ÉLOI
À travers 30 titres de chansons
Okenga Viviane
Cet ouvrage rend hommage à Patrick Saint-Éloi, chanteur français originaire de la Guadeloupe qui a grandement contribué à populariser le zouk. Initiateur du «zouk lov», son nom restera attaché au groupe Kassav' auquel il a appartenu. Les textes analysés dans ce recueil sont parmi les plus importants de son répertoire et dénoncent des maux qui minent la société : l'immigration, le racisme, la dépravation des mœurs, la perte des valeurs, le réchauffement climatique, la paresse...
(Coll. Harmattan Cameroun, 17.00 euros, 168 p.)
ISBN : 978-2-343-02244-4, ISBN EBOOK : 978-2-336-36714-9

CHRONOLOGIE APPROFONDIE DE L'AFFAIRE SÉNÉCAL
D.Lara Oruno - Espaces Caraïbes III
Au cours des recherches concernant Léonard Sénécal, il a fallu constituer un axe de références chronologiques qui a été sans cesse enrichi. Cette documentation qui fourmille d'informations inédites vient s'ajouter au corpus de textes publié par Oruno D. Lara dans Le Dossier SÉNÉCAL (Éditions du CERCAM). Ce dossier complet a été suivi de la publication de l'ouvrage *Le rebelle écartelé. La Guadeloupe au XIXe siècle* (Éditions L'Harmattan, 2013). Ce troisième volume d'Espaces Caraïbes se présente donc comme un complément indispensable aux travaux d'investigation permettant de comprendre Léonard Sénécal et son époque.
(23.00 euros, 218 p.)
ISBN : 978-2-343-04675-4, ISBN EBOOK : 978-2-336-36156-7

MANO (LA) DE ORULA
Etnografía sobre Ifá y la Santería de la Habana
Konen Alain - Proemio de Eusebio Leal Spengler ; Prefacio de Philippe Jespers
¿Qué es precisamente un acontecimiento retomado por la mano de un dios y qué es de la técnica de un humano que ha tomado la mano de ese dios? El autor explora esta singular «máquina» de pensar el destino - en el cual queda atrapada la mano del adivino - que es la adivinación Ifá. Propone para eso una descripción detallada de un ciclo ritual que empieza con la vida prenatal de un ser humano y termina con su muerte.
(Coll. Recherches Amériques latines, 46.00 euros, 434 p.)
ISBN : 978-2-343-04773-7, ISBN EBOOK : 978-2-336-36087-4

LETTRES À UN AMI
Propos sur la conjoncture haïtienne
Douyon Frantz
Dans les *Lettres à un ami*, l'ami en question est un être générique s'intéressant à la chose haïtienne, au politique, c'est-à-dire la préoccupation des choses de la cité. Le livre contient quatre chapitres,

«Démocratie et Lutte pour le pouvoir», «Développement et Culture», «Insécurité et Force de l'Ordre», «Le Créole, langue identitaire de l'Haïtien». Les «Lettres» esquissent des solutions pour une démocratisation véritable des mœurs politiques du pays dans le respect des droits naturels inaliénables de l'individu institutionnalisés dans un système judiciaire indépendant et crédible.
(13.50 euros, 126 p.)
ISBN : 978-2-343-01792-1, ISBN EBOOK : 978-2-336-35699-0

ESCLAVAGE (L') EST-IL SANS FIN ?
Nouvelles chroniques antillaises
Siganos André
Écrit sans langue de bois, sans parti pris ni complaisance, mais avec une rigueur empathique, cet ouvrage est le viatique indispensable de tous ceux qui veulent vivre ou travailler aux Antilles, comme de tous ceux qui veulent comprendre de quoi se nourrit le malaise identitaire antillais. Éclairées par un séjour de quatre ans aux Antilles, s'inspirant des événements nationaux les plus récents, ces pages détruisent bien des clichés et traversent les préoccupations actuelles.
(19.00 euros, 192 p.)
ISBN : 978-2-343-04251-0, ISBN EBOOK : 978-2-336-35628-0

HAÏTI MYTHE OU RÉALITÉ
Deux cents ans d'indépendance 1804-2004
Bourgeois Michel
Malgré certaines contradictions, Haïti a célébré avec fierté en 2004 le Bicentenaire de son indépendance et son riche héritage révolutionnaire. Cet ouvrage met en parallèle ce passé prestigieux et resté mythique avec des réalités plus complexes quant à l'exercice de libertés si souvent revendiquées... car si durement acquises deux cents ans plus tôt.
(25.00 euros, 238 p.)
ISBN : 978-2-336-30371-0, ISBN EBOOK : 978-2-336-35329-6

MURAT
Une famille de Marie-Galante et son habitation
Nucho-troplent Philippe
Dominique Murat est le premier à tenter sa chance à Marie-Galante où il exploite d'abord une petite caféière. Pendant la Révolution il est président de la République des Douze, qui fit de Marie-Galante l'un des premiers territoires à prononcer l'abolition de l'esclavage, le 19 décembre 1793. Les membres de sa famille ont quitté progressivement les Antilles entre 1835 et 1870. L'auteur suit jusqu'en Toscane cette famille au destin tragique, pendant que l'habitation Murat se fait oublier. Philippe Nucho-Troplent nous la fait redécouvrir et revivre.
(Coll. Rue des écoles, 28.00 euros, 246 p.)
ISBN : 978-2-343-00289-7, ISBN EBOOK : 978-2-296-53525-1

QUEL AVENIR POUR LES MICHEL MORIN ?
Réflexions sur la valeur travail à partir d'un personnage de la société créole
Paquet Marc-Emmanuel
Cet ouvrage a l'ambition de présenter le personnage populaire du Michel Morin, ce «touche à tout» qui a conquis tous les territoires : la France comme le bassin caribéen, la Réunion et ailleurs. Il fut un temps où ses activités polyvalentes en faisaient un travailleur providentiel. Maintenant que nous sommes dans l'ère de la spécialisation et de la responsabilité civile, son statut pose question. Si l'analyse de l'auteur s'est nourrie d'exemples martiniquais, elle ne s'enferme pas dans un espace insulaire.
(17.50 euros, 160 p.)
ISBN : 978-2-343-00282-8, ISBN EBOOK : 978-2-296-53677-7

NATIFS DES DOMS EN MÉTROPOLE
Immigration et intégration
Holder Délina
Ce livre s'attache à montrer les particularités de l'immigration en métropole des populations issues des départements d'outre-mer, dans la dernière décennie du XXe siècle. Il s'agit d'une

immigration pour laquelle ne se pose pas la question de la nationalité et de la citoyenneté et qui rencontre toutefois, à travers le racisme et la discrimination, de sérieuses difficultés d'intégration.
(Coll. Logiques sociales, 30.00 euros, 280 p.)
ISBN : 978-2-336-29272-4, ISBN EBOOK : 978-2-296-51653-3

AIMÉ CÉSAIRE
Cavalier du temps et de l'écume
Étude thématique et critique de *Comme un malentendu de Salut - Noria*
Hénane René
Les deux recueils, *Comme un malentendu de salut* et *Noria* n'ont jamais fait l'objet d'édition critique. Véritable fil rouge de la poétique césairienne, un lien charnel unit la conscience du poète à la nature et au cosmos. Détaché du monde, le poète se projette sur un futur indécis que baignent les brumes d'une conscience comme essoufflée d'avoir lutté sans trêve sur des parcours difficiles et rêvant d'une *avalanche d'aube.*
(Coll. Critiques Littéraires, 18.00 euros, 172 p.)
ISBN : 978-2-336-29098-0, ISBN EBOOK : 978-2-296-51650-2

AIMÉ CÉSAIRE
Liturgie et poésie charnelle
Lucrèce André
La poétique de Césaire est liturgie et poésie charnelle car, aux sacralités classiques, le poète oppose la sienne faite d'une approche païenne et féconde, qui porte en sa conscience non seulement l'expérience personnelle, intime, du poète, mais également l'histoire. Césaire nous décrit le «Nègre», non plus placé sous la tutelle d'une névrose au sortir de l'esclavage, mais debout, à la barre, à la boussole, debout et libre, triomphant sous les étoiles.
(Coll. Espaces Littéraires, 12.00 euros, 104 p.)
ISBN : 978-2-343-00044-2, ISBN EBOOK : 978-2-296-52980-9

HAÏTI AU CARREFOUR DE LA RECONSTRUCTION
Vie politique et coopération internationale
Gédéon Jean
Préface de Samuel Pierre
Haïti peut-elle se mettre sur la voie de la reconstruction véritable ? Aujourd'hui, ce dont Haïti a surtout besoin, c'est d'un «New Deal» pouvant lui permettre d'emboîter le pas vers le développement durable et une société respectueuse des valeurs de l'être humain ainsi que de concilier les «deux sociétés» : les pauvres (plus de 70%) et le reste.
(19.00 euros, 190 p.)
ISBN : 978-2-343-00095-4, ISBN EBOOK : 978-2-296-53037-9

GRANDES (LES) FAMILLES POLITIQUES DE GUADELOUPE
Un héritage transgénérationnel
Lefort Jean-Claude
L'appartenance à une famille prestigieuse de Guadeloupe est-elle nécessaire et suffisante pour se voir attribuer le droit d'être élu ? Qu'en est-il des compétences et mérites individuels ? Les postes politiques peuvent-ils se transmettre comme un héritage transgénérationnel ? L'auteur analyse les écrits et témoignages de ceux qui occupent encore le devant de la scène politique (Lucette Henri-Michaux), ceux qui se sont retirés (Henri Bangou) et a obtenu des interviews de fils, petit-fils ou neveux de certains (Lucien Bernier, Frédéric Jalton, René Toribio, François Louisy, Paul Lacavé, Furcie Tirolien).
(20.00 euros, 200 p.)
ISBN : 978-2-296-99364-8, ISBN EBOOK : 978-2-296-50791-3

L'HARMATTAN ITALIA
Via Degli Artisti 15; 10124 Torino

L'HARMATTAN HONGRIE
Könyvesbolt ; Kossuth L. u. 14-16
1053 Budapest

L'HARMATTAN KINSHASA
185, avenue Nyangwe
Commune de Lingwala
Kinshasa, R.D. Congo
(00243) 998697603 ou (00243) 999229662

L'HARMATTAN CONGO
67, av. E. P. Lumumba
Bât. – Congo Pharmacie (Bib. Nat.)
BP2874 Brazzaville
harmattan.congo@yahoo.fr

L'HARMATTAN GUINÉE
Almamya Rue KA 028, en face
du restaurant Le Cèdre
OKB agency BP 3470 Conakry
(00224) 657 20 85 08 / 664 28 91 96
harmattanguinee@yahoo.fr

L'HARMATTAN MALI
Rue 73, Porte 536, Niamakoro,
Cité Unicef, Bamako
Tél. 00 (223) 20205724 / +(223) 76378082
poudiougopaul@yahoo.fr
pp.harmattan@gmail.com

L'HARMATTAN CAMEROUN
BP 11486
Face à la SNI, immeuble Don Bosco
Yaoundé
(00237) 99 76 61 66
harmattancam@yahoo.fr

L'HARMATTAN CÔTE D'IVOIRE
Résidence Karl / cité des arts
Abidjan-Cocody 03 BP 1588 Abidjan 03
(00225) 05 77 87 31
etien_nda@yahoo.fr

L'HARMATTAN BURKINA
Penou Achille Some
Ouagadougou
(+226) 70 26 88 27

L'HARMATTAN SÉNÉGAL
10 VDN en face Mermoz, après le pont de Fann
BP 45034 Dakar Fann
33 825 98 58 / 33 860 9858
senharmattan@gmail.com / senlibraire@gmail.com
www.harmattansenegal.com

L'HARMATTAN BÉNIN
ISOR-BENIN
01 BP 359 COTONOU-RP
Quartier Gbèdjromèdé,
Rue Agbélenco, Lot 1247 I
Tél : 00 229 21 32 53 79
christian_dablaka123@yahoo.fr

Achevé d'imprimer par Corlet Numérique - 14110 Condé-sur-Noireau
N° d'Imprimeur : 122267 - Dépôt légal : octobre 2015 - *Imprimé en France*

www.ingramcontent.com/pod-product-compliance
Lightning Source LLC
LaVergne TN
LVHW021214061026
849535LV00008B/2731
* 9 7 8 2 3 4 3 0 7 5 7 4 7 *